# 农村土地使用制度地方创新与改革思考

陈美球 著

科学出版社

北京

## 内 容 简 介

本书由上、下两篇组成。上篇是对农村土地使用制度地方创新试点的系统剖析，包括江西修水县黄溪村以土地使用制度改革培育乡村振兴内生动力，四川青杠树村、浙江鲁家村和江西黄溪村三村以土地综合整治助推乡村振兴，浙江永嘉农村产权交易的市场化运作，江西乐安构筑龙头企业与小农户命运共同体的实践探索，资本下乡的成都福洪实践，浙江以全域土地综合整治与生态修复拓展乡村振兴新空间，以及江西省村庄规划的试点探索；下篇是对农村土地使用制度改革的思考，涉及耕地保护、农村土地整治、农村新业态新产业用地、农村宅基地制度、农村土地多元化治理体系、空间用途管制体系、村庄规划编制等内容。

本书可作为土地资源管理专业、农业经济管理专业的教师、研究生和大学生的阅读材料及相关研究的参考资料，也可作为自然资源管理、农业农村管理部门业务人员的研修用书。

---

图书在版编目（CIP）数据

农村土地使用制度地方创新与改革思考／陈美球著．
—北京：科学出版社，2021.1
ISBN 978-7-03-067022-9

Ⅰ.①农… Ⅱ.①陈… Ⅲ.①农村–土地使用制度–研究–中国 Ⅳ.①F321.1

中国版本图书馆 CIP 数据核字（2020）第 234841 号

责任编辑：杨逢渤／责任校对：樊雅琼
责任印制：吴兆东／封面设计：无极书装

科学出版社 出版
北京东黄城根北街16号
邮政编码：100717
http://www.sciencep.com
北京中石油彩色印刷有限责任公司 印刷
科学出版社发行 各地新华书店经销

\*

2021年1月第 一 版　开本：720×1000　1/16
2022年4月第二次印刷　印张：10 1/4
字数：200 000
定价：128.00元
（如有印装质量问题，我社负责调换）

# 作 者 简 介

陈美球,1967年2月生于江西省石城县。博士,博士生导师,二级教授,"赣鄱英才555工程"入选,享受国务院特殊津贴专家,江西省高等学校教学名师,江西省金牌研究生导师。中国土地学会土地资源分会副主任委员;中国自然资源学会热带亚热带地区资源研究专业委员会副主任委员。江西农业大学研究生院院长/MPA教育中心主任,江西省高校哲学社会科学高水平创新团队"农户行为与农业资源利用保护创新团队"和江西省普通高等学校人文社会科学重点研究基地"江西农业大学农村土地资源利用与保护研究中心"的负责人。长期从事农村土地资源管理、生态环境教研工作,先后主持国家自然科学基金项目5项、国家社会科学基金项目1项,省部级及重大横向项目40余项。在 *Land Use Policy*、*Agricultural Economics*、*Water Science and Technology* 及《中国农村经济》《中国软科学》《中国土地科学》《自然资源学报》《生态学报》《中国人口·资源与环境》等刊物公开发表论文150余篇,出版《我国耕地保护的农户行为与社会责任》《乡村振兴与土地使用制度创新》等专著16部。获江西省社会科学优秀成果奖一等奖等省部级奖18项。

**本书承蒙以下项目或平台资助：**

江西农业大学江西省乡村振兴战略研究院；

江西现代农业及其优势产业可持续发展的决策支持协同创新中心；

国家自然科学基金项目"生计分化中农户农业面源污染防控行为及其调控对策研究——以江西省为例"（71473112）；

江西省"赣鄱英才555工程"；

江西省普通高等学校人文社会科学重点研究基地"江西农业大学农村土地资源利用与保护研究中心"；

江西省高校哲学社会科学高水平创新团队"农户行为与农业资源利用保护创新团队"。

# 前　言

土地是农业发展最基本的生产资料，也是农民致富最根本的"资本"，更是农村发展最重要的资源，但由于面积的有限性和位置的固定性，土地在农村社会经济发展中的地位要比资本、技术、劳动力等要素更加凸显，并在一定程度上影响着其他要素的配置。这是因为资金可以筹集，技术可以引进，劳动力可以调配，唯独土地无法再生，劳动力、资金等要素配置最后要落在土地上；这也决定了土地要素配置的本质是土地使用制度设计，即通过具体制度的安排，规定不同地块该作什么用，不该作什么用，允许什么人使用，等等。因此，土地制度被视为农村的基础制度，既是农村经济活动的根本规则，也是维持乡村秩序的基础保障。近年来，随着乡村振兴战略的推进，在坚持农村土地集体所有制的前提下，开展农村土地使用制度改革，不仅是社会实践的迫切需求，也是学术界探讨的一个热点问题。

人民群众不仅是社会物质财富和社会精神财富的创造者，也是社会变革的决定力量。广大农民最清楚社会发展与生产对农村土地使用制度的真实需求，也最明白怎样创新农村土地使用制度才是有效率的。在具体的农村生产实践中，很多地方针对各自的现实需求，创造性地进行了农村土地使用制度的改革，形成了不少具有强大生命力的成功实践，对这些案例进行深入调研，总结其中的成功经验，对于推进我国农村土地使用制度改革具有积极的参考价值。走向田间地头，向淳朴的农民和工作在第一线的基层人员学习，开展深入的调研剖析，是我多年来形成的研究风格。为此，只要时间允许，我都会带领研究团队深入基层进行调研，坚持"接地气"的研究原则，努力把论文写在大地上，让研究成果真正反映现实的需求。

在社会调研中，一方面，我深深感受到基层对农村土地使用制度改革的渴望，他们常常在工作中表现出万般的无奈。以高标准农田建设为例，大家都认可这是利国利民的好事，但一些地方申报项目的积极性并不高，其中一个重要原因就是产权调整工作难度大。高标准建设后的田块、耕地面积发生变化，其承包经营权如何分配？"承包权30年不变""生不增，死不减"的政策如何执行？若还是按比例划给各家各户，田块将再次细碎化，影响高标准农田建设效果；若严格实行"生不增，死不减"，那些现在"人多地少"的农户会极力阻碍，这就需要配套土地使用制度的创新。另一方面，我也为基层开展农村土地使用制度改革实践而欣喜，不少地方在坚持土地公有制性质不改变、耕地红线不突破、农民利益不受损三条改革底线的前提下，勇于探索，不仅破解了农村社会经济发展的用地难题，更激发了乡村的内生发展动力，如江西修水县黄溪村通过创新"确权确股不确地"很好地解决了高标准农田建设中的产权调整问题，为当地的产业兴旺提供了良好的用地保障；浙江永嘉县引入社会资本开展农村产权市场化交易、四川成都福洪镇与成都和盛家园实业有限公司携手共推乡村振兴，都极大地激活了农村土地要素的活力。把这些成功的实践经验进行集中系统总结提炼，以供各地在推进乡村振兴战略、开展农村土地使用制度改革中参考，就是本书的出版初衷。

  本书是 2017 年以来，我们课题组深入实践进行社会调研的成果总结，分为上、下两篇，上篇是 7 份调研报告，包括"关于培育乡村振兴内生动力机制的思考——基于修水县黄溪村的调研""以土地综合整治助推乡村振兴的思考——基于四川青杠树村、浙江鲁家村和江西黄溪村的调研""农村产权交易的市场化运作探索——基于浙江永嘉农村产权交易改革的调研""龙头企业与小农户命运共同体的构筑——基于绿能公司入驻乐安的案例分析""资本下乡的成都福洪实践""以土地空间重构拓展乡村振兴新空间——浙江全域土地综合整治与生态修复的实践及其启示""江西省村庄规划的试点探索"。而下篇则是基于社会调研而形成，并相继在内部刊物发表的 18 篇农村土地使用制度改革对策建议报告，涉及耕地保护、农村土地整治、农村新业态新产业用地、农村宅基地制度、农村土地多元化治理体系、空间用途管制体系、村庄规划编制等诸多内容。上篇是下篇的基础，而下篇是上篇的升华。

  社会调研是一个集体项目，本书形成的成果也是集体的结晶。参加相关调研与资料整理的有江西农业大学的廖彩荣、翁贞林、刘桃菊、郭熙、朱美英、钟海燕、张淑娴、张玉琴、袁东波、赖昭豪、黄唱、黄凤慈，四川大学的姚树荣，四川省自然资源厅的宋绍繁，江西省土地开发整理中心的洪土林，江西省赣江新区自然资源局的高骅、邓青云、涂丹，江西省新建区自然资源局新建分局的王艳华等。在实地调研中，我们课题组也得到了当地自然资源管理部门、农业农村部门、基层政府，以及浙江省永嘉县农村产权服务中心、江西省乐安绿能农业发展有限公司、四川省成都和盛家园实业有限公司等相关人员的大力支持，在此一并致以衷心的感谢！

  虽然调研多源于自己的兴趣，但离不开相关课题与研究平台的资助。感谢江西农业大学江西省乡村振兴战略研究院、江西现代农业及其优势产业可持续发展的决策支持协同创新中心、江西省"赣鄱英才555工程"、国家自然科学基金项目"生计分化中农户农业面源污染防控行为及其调控对策研究——以江西省为例"(编号：71473112)，以及江西省普通高等学校人文社会科学重点研究基地——江西农业大学农村土地资源利用与保护研究中心和江西省高校哲学社会科学高水平创新团队——农户行为与农业资源利用保护创新团队对调研过程及成果出版的资助。

  本书的出版，不仅是对自己近年来调研成果的一个阶段性总结，更是希望通过分享，抛砖引玉，引起同仁们的兴趣，并给予批评指正，从而共同推进我国农村土地使用制度改革、促进乡村振兴。由于作者才疏学浅，本书的疏漏之处在所难免，敬请读者批评指正。

陈美球

2020年9月于南昌梅岭

# 目 录

前言

## 上篇：农村土地使用制度的地方创新

关于培育乡村振兴内生动力机制的思考——基于修水县黄溪村的调研 ………… 6
以土地综合整治助推乡村振兴的思考——基于四川青杠树村、浙江鲁家村和江西黄溪村的调研 …………………………………………………………………… 15
农村产权交易的市场化运作探索——基于浙江永嘉农村产权交易改革的调研 …………………………………………………………………………………… 20
龙头企业与小农户命运共同体的构筑——基于绿能公司入驻乐安的案例分析 …………………………………………………………………………………… 30
资本下乡的成都福洪实践 …………………………………………………… 42
以土地空间重构拓展乡村振兴新空间——浙江全域土地综合整治与生态修复的实践及其启示 …………………………………………………………………… 50
江西省村庄规划的试点探索 ………………………………………………… 57

## 下篇：农村土地使用制度改革的思考

乡村振兴离不开土地使用制度创新 ………………………………………… 69
落实耕地占补须有配套制度创新 …………………………………………… 73
关于构筑耕地占补平衡社会共同责任网的思考 …………………………… 78
耕地占补应坚持"以质抵量"的产能平衡 …………………………………… 83
当前农村土地整治工作面临的问题及建议 ………………………………… 86
农村新业态新产业用地保障的几点思考 …………………………………… 90
宅基地制度改革须处理好五对关系 ………………………………………… 94
改革开放以来我国耕地利用变化及其展望 ………………………………… 99
城里人到农村购地建房的条件尚不成熟 …………………………………… 104
构建农村土地多元化治理体系的思考 ……………………………………… 109
承包地是否调整应尊重村民意愿——基于"增人不增地、减人不减地"政策的基层调查 ……………………………………………………………………… 113

构建科学的空间用途管制体系，消除地方发展之忧……………………… 118
"迁村并点"的困与思 …………………………………………………… 122
生态耕种是推进生态文明建设的必然选择………………………………… 126
关于提高村庄规划实用性的思考…………………………………………… 131
构建企业携手农户新机制 筑牢粮食生产基础——基于江西乐安"绿能"模式的
　实践调研……………………………………………………………… 137
我国耕地保护制度执行力亟待提升………………………………………… 143
乡村振兴需要集体强起来、农民动起来、土地活起来…………………… 149

# 上篇：农村土地使用制度的地方创新

本篇收集的是课题组 2017 年以来形成的调查研究报告。

"关于培育乡村振兴内生动力机制的思考——基于修水县黄溪村的调研"是对 2012 年以来一直在长期跟踪的调研点——修水县黄溪村乡村振兴的系统总结。这个案例是课题组偶然的一次发现。2012 年年初，基于国土资源部（现自然资源部）软科学项目"城乡统筹下土地制度改革中农民利益保障问题研究——以城乡建设用地增减相挂钩试点为例"的研究需要，我们在修水县国土资源局（现修水县自然资源局）组织了"城乡建设用地增减挂钩工作"座谈会，在座谈会上，几乎所有村干部、乡镇基层分管领导、村民代表都反映这是一项很难开展的工作，只有黄溪村村支书认为这是一项村民积极支持且工作推进顺利的利国利民的好事，并提出"农村建设用地复垦的指标要全部留于村庄发展"的出乎意料的要求。要知道，很多地方开展"增减挂钩"试点工作的出发点，就是复垦的农村建设用地指标可用于城镇新增用地指标的交易，能分享城镇建设用地使用权出让的经济收益。黄溪村村支书的发言改变了调研组的行程，我们当即决定第二天到黄溪村进行实地调研，这一去便开启了该村长期跟踪调研之旅。我们调研组每年都会去 1~2 次，感受黄溪村的变化。本篇调研报告基于乡村振兴内生动力的培育机制角度，对黄溪村以农村土地使用制度创新为切入点激活乡村振兴内生动力进行了较为系统的剖析。调研报告把黄溪村的具体实践归纳为："确权确股不确地"，助力农业现代化，促进农业产业兴旺；"人-地-钱"挂钩，推进农村现代化，打造生态宜居环境；"村事村议"，提升社会治理成效，营造文明乡风。并从农业产业兴旺、农民生活水平显著提高，村庄生态宜居、土地利用效益明显提高，以及社会治理成效显著、乡村文明蔚然成风等方面总结了黄溪村振兴发展的主要成效。黄溪村既没有丰富的自然资源，也没有明显的区位优势，更缺乏良好的经济基础，却通过几年的实践，成为远近闻名的乡村振兴典范。黄溪村的成功对培育各地乡村振兴内生动力机制具有积极的启示，那就是"让集体强起来、让农民动起来、让土地活起来"，集体组织是乡村振兴的关键主体，广大农民是乡村振兴的主人，土地使用制度的改革与创新则是激活乡村振兴活力的重要切入点。

江苏省 2008 年启动的"万顷良田建设工程",该工程以区域所有要素作为土地整治内容,统筹耕地、建设用地、劳动力、市场需求与服务资源等,通过耕地的集中连片高标准建设和农村居民点聚集,实现人口、产业、社会、文化等多方面的重构,其本质就是区域土地综合整治,在破解农村用地碎片化、无序化、低效化等突出问题,提升土地利用整体效益和优化土地结构方面,表现出强大的生命力。要为乡村振兴提供土地要素支撑,走土地综合整治之路是必然路径,但土地综合整治涉及的利益群体众多、产权调整难度大,真正成功实施的案例并不多。

"以土地综合整治助推乡村振兴的思考——基于四川青杠树村、浙江鲁家村和江西黄溪村的调研"对四川青杠树村、浙江鲁家村和江西黄溪村的土地综合整治的主要做法与成效进行了系统归纳,调研表明,尽管三地的乡村振兴各具特色,但一个共同的成功经验就是以土地整治为抓手,一是规划先行,统筹区域用地安排;二是整合资源,实现要素同步聚集;三是制度创新,破解用地配置难题;四是以民为本,激活整治内生动力。三地的实践表明,土地综合整治不仅能提高乡村振兴的用地保障能力,还能通过高标准农田建设的新增耕地产能指标和"增减挂钩"节余指标的跨区域调剂,为乡村振兴注入资金。要推进土地综合整治,应坚持系统思维、激发自身动力和善于创新探索。

鉴于农村产权所涉及的绝大多数是土地、房屋等不动产资产,农村产权交易实质并不是实物交易,而是权益的转移,不仅政策性强,还具有涉及面广、敏感度高、影响面大等特征。在实现市场在农村产权交易中决定性作用的探索中,各地都持谨慎态度,具有推广应用价值的成功案例并不多。一个偶然的机会,《内部论坛》对浙江永嘉县农村产权交易改革的报道,激发了我们去学习考察的兴趣。"农村产权交易的市场化运作探索——基于浙江永嘉农村产权交易改革的调研"是在实地调研,并反复与永嘉县农村产权服务中心进行网上沟通的基础上形成的报告。报告归纳了永嘉县农村产权交易改革的主要做法:一是组建专业队伍,实现专业人做专业事;二是多方联动协同,构建农村产权交易新机制;三是完善相关制度,规范企业运营行为;四是承担社会责任,树立社会公信力;五是勇于探索创新,提升产权交易效益。永嘉县农村产权服务中心目前已形成"以耕地、林地承包经营权流转交易鉴证为公益服务、集体经营性资产入市交易为主营业务、三产安置房全过程代理为特色"的业务体系,实现了"村集体经济壮大、企业高兴、政府满意、村民受益"的多主体共赢,成效明显:一是培育了农村产权交易市场,盘活了农村土地资源;二是压缩了村干部寻租空间,营造了良好的乡村治理氛围;三是显化了农村资产,实现了集体资产的增值保值;四是壮大了村集体经济,增强了村集体组织能力;五是推动土地流转,促进了农业现代化;

六是破解了"三产安置房"难题，提升了资源利用效率。永嘉县农村产权交易改革实践表明，引入社会资本的企业运作是实现市场在农村产权交易中决定性作用的有效路径，但应把握好几个关键点：政府扶持是农村产权交易市场化建设的基础保障、市场开拓是培育农村产权交易活力的关键抓手、现代信息技术应用是提升农村产权市场价值的重要手段。

在未来的一段时期内，千千万万的小农户仍将是我国农业农村发展最重要的基础力量和国家繁荣稳定的重要基石。如何促进小农户和现代农业发展有机衔接，是实现我国农业可持续发展的一项基础性课题，而发挥龙头企业对小农户的带动作用是公认的一条重要的实施路径。寻找一个龙头企业携手小农户共同发展的成功案例进行深入剖析一直是我们课题组的既定计划，但久久未能如愿。2018年年初在江西省农业厅（现江西省农业农村厅）组织的新型职业农民培训班授课时，在课间交流中，作者偶然发现乐安县引入江西省乐安绿能农业发展有限公司（简称绿能公司），构建了企业与小农户的密切协作关系，在解决小农户分散经营外部性社会高成本、推动传统小农户向现代小农户转变、企业可持续发展方面取得了明显成效，而绿能公司的股东之一郑先贵正是这个培训班的学员，这为我们课题组开展调研提供了便利条件。"龙头企业与小农户命运共同体的构筑——基于绿能公司入驻乐安的案例分析"就是对此长期跟踪调研形成的成果。调研报告把绿能公司入驻乐安的成功经验，归纳为构建了"政府引导、村组主导、农户自愿、企业对接；协同多样、保障多元、风险可控、利益共享"的协同机制，促进了龙头企业与小农户命运共同体的形成。具体做法是以清晰定位保障生命共同体运行效率，以承包权和经营权的分离实现耕地经营的集中连片，以协同形式多样激发命运共同体活力，以利益共享实现多主体共赢，以先进科技增效促进耕地资源可持续利用。乐安"绿能"实践的成功，充分表明了构建龙头企业与小农户的命运共同体是完全可行的。这一命运共同体的形成，既坚持了以家庭联产承包为主的责任制、统分结合的双层经营体制，也充分利用了现代企业的资金、技术、管理与市场开拓等优势，有效降低了广大农户分散经营的外部性社会成本，推广了现代农业生产理念与技术，促进了传统小农户向现代小农户的转变。但构建龙头企业与小农户命运共同体，各主体角色定位明确是核心、相互信任且充分嵌融是基础。

与成都和盛家园实业有限公司相识，源于2018年中国土地经济学年会，大会安排了"天府新兴·和盛田园东方"田园综合体项目的现场调研。在交谈中发现，成都和盛家园实业有限公司早在2012年，就作为社会资产参与到福洪镇的经济建设与社会发展之中，并取得了良好成效，是一个典型的资本下乡参与乡村振兴的成功案例，福洪镇入选2019年度四川省实施乡村振兴战略工作先进乡镇，社会资产的贡献不容忽视。"资本下乡的成都福洪实践"对2012年以来成都和盛家园实业有限公司参与福洪镇建设与发展进行系统剖析。报告认为，资本下乡有其自身的驱动机理，包括政策和制度红利吸引，形成"政策制度-资本下乡"驱动；基层政府考核压力传导，形成"政府绩效-资本下乡"驱动；农民财产权利让渡，形成"农民权利-资本下乡"驱动；政府部分管理职能市场转移，形成"职能转移-资本下乡"驱动。资本下乡成都市福洪镇的实践表明，要发挥资本下乡对乡村振兴的作用，一要立足"农"本，实现专业的人做专业的事；二要产业支撑，促进下乡资本保值增值；三要坚持土地制度创新，不断为下乡资本提供红利吸引；四要做好利益联结，求得多元利益最大公约数；五要强化过程监督和风控管理，提高基层政府治理能力；六要坚持农民主体地位，优先保障农民权利；七要构建公平竞争的市场环境，保障下乡资本的效益产出；八要构建共建共享共创机制，确保基于信任关系的利益稳定。

"以土地空间重构拓展乡村振兴新空间——浙江全域土地综合整治与生态修复的实践及其启示"与"以土地综合整治助推乡村振兴的思考——基于四川青杠树村、浙江鲁家村和江西黄溪村的调研"存在很大的共性，都是对土地综合整治的成功经验进行总结，但立足点不同，这篇报告是对浙江省《全域土地综合整治与生态修复工程三年行动计划（2018-2020年）》的落实情况进行系统总结。调研表明，浙江省全域土地综合整治与生态修复工作的主要做法包括强化统筹的制度保障，因地制宜推进落实情况，创新政策激发地方动力，充分发挥村民主体作用。同时，取得了显著的阶段性成果：一是优化了全域农村土地布局，提高了农村土地利用效率；二是促进了产业的转型升级，为乡村经济注入了新动力；三是提升了乡村生态环境，增强了村庄的乡愁气息。浙江省全域土地综合整治与生态修复实践，为以土地空间重构拓展乡村振兴新空间提供诸多启示，主要包括：科学的村庄规划是前提，涉农资金与项目的统筹是基础，村民的积极支持是关键，配套制度创新是保障。在本报告的基础上，我们课题组结合江西省赣江新区的实际，撰写了"关于赣江新区直管区开展全域土地综合整治，促进城乡融合发展的建议"，获得了包括省委书记、省长等5位省级领导的6次批示，这进一步体现了本调研报告的价值。

2019年江西省开展了"1+50"的村庄规划试点，我有幸作为评审专家全程参与了除于都县梓山镇潭头村之外的全部50个村庄规划的成果评审。作为试点工作，"1+50"项目旨在探索方式方法，总结经验教训，为村庄规划的全面铺开提供借鉴。调研发现，江西省的村庄规划试点，在工作机制、规划编制的技术思路，以及规划实施配套制度建设的重要性认识方面取得了明显成效，但也存在一些不足之处，主要包括：重单个村庄发展建设，轻区域全要素统筹；重村庄硬件建设，轻配套制度建设；规划内容面面俱到，村庄自身禀赋与发展特色突显不够；刚性有余而弹性不足。试点为完善村庄规划提供了相应的启示：一是要在县域层面加强居民点体系规划；二是要坚持开门编制，充分吸纳公众参与；三是要强化问题导向与目标导向的结合；四是要强化用途管制的制度建设。

# 关于培育乡村振兴内生动力机制的思考*

## ——基于修水县黄溪村的调研

作为传统农业大省，乡村振兴战略为江西省的腾飞带来了历史机遇。乡村振兴，根在自身。大力培育乡村振兴内在动力是推进实施乡村振兴的关键。短短几年，修水县黄溪村由一个"上访村""贫困村"，华丽转身成为远近闻名的"秀美乡村"，先后荣获"全国一村一品示范村""江西省美丽宜居村庄""全国民主法治示范村"，2016年黄溪村全村脱贫，成为乡村振兴的一个典型。黄溪村的实践表明，大力培育乡村振兴内在动力，必须"让集体强起来、让农民动起来、让土地活起来"，充分调动村集体的主观能动性，发挥农民的主人翁精神，激发土地要素的活力。

## 一、黄溪村振兴发展的主要做法

黄溪村地处修水县马坳镇南部，三面环水，一面朝山，土地面积 $11.3km^2$，拥有耕地1326亩①，林地3000亩。现下辖15个村小组（含1个移民小组），有村民3100余人。黄溪实践具体可归纳为："确权确股不确地"，助力农业现代化，促进农业产业兴旺；"人-地-钱"挂钩，推进农村现代化，打造生态宜居环境；"村事村议"，提升社会治理成效，营造文明乡风。

### （一）"确权确股不确地"，助力农业现代化

2009年，多个土地整治项目在黄溪村实施，伴随田块平整和农田基础设施的配套，承包权的调整不可避免。以此为契机，黄溪村提出"确权确股不确地"模式，实行"确权不确地、分红按人头、补贴归原户、组级管理、村级整包"，即以村民小组为单位，确定耕地所有权，以户为单位，明确各农户拥有耕地承包经营权的份额（即每户耕地承包面积），但不确定具体地块，承包权和经营权分

---

\* 本文曾刊发于《调查与研究》2018年第6期，参加调研的还有廖彩荣、翁贞林、袁东波。
① 1亩≈$666.7m^2$。

离，承包权归农户拥有，经营权则转化为股份，依据自愿、有偿原则，统一流转至村集体（村两委），村集体遵循优先本组村民、打破组界的原则，集中成片流转，规模经营；流转费用由村集体、村小组、承租者三方依耕地质量协商确定，由承租者支付给村集体，再通过村集体支付给村小组，年底以组为单位按人口进行股份分红。

"确权确股不确地"的做法表现出了强大的生命力。一是切实落实了承包地"三权"分置制度，加速了规模经营和现代农业经营主体的形成。现代农业生产主体直接与村集体商谈，签订流转合同，确保稳定的流转期限，易形成规模经营，并激励企业增加投入。调研发现，江西欣宁蚕种科技有限公司（现修水县欣宁蚕种科技有限公司）愿意落户于区位优势并不好的黄溪村的一个重要原因就是省去了与各家各户耕地流转的谈判成本。二是凸显了土地村集体所有，利于公益建设和土地管理。各项建设不可避免要占用一定耕地，若与各家各户协商，不仅工作繁杂，还可能遇上"钉子户"。"确权确股不确地"消除了现代农业生产主体与各家各户协商的环节，减少了谈判成本，这有利于公益事业建设。马坳镇土地管理所的所长告诉课题组："过去，个别农户存在承包地私有的认识误区，在自家承包地上违法建房和葬坟的现象屡禁不止。自推行'确权确股不确地'后，黄溪村再也没有出现违法建房和随意葬坟现象，强化了对土地用途的管制，实现了管理上变'被动'为'主动'。"三是减少了分地成本。传统"确权确地"，追求绝对公平，工作量大，成本高，且易形成耕地互相"插花"、破碎度加大，生产条件降低；"确权确股不确地"则省去了分户田块划分成本。

在"确权确股不确地"的基础上，黄溪村通过完善生产体系和推行高效农业，共同推进农业现代化。一方面，优化生产环节抓效益。以蚕桑业为例，一是与江西省蚕桑茶叶研究所合作，把黄溪村建成了全省制种基地，目前黄溪村蚕种产量占全省60%以上；二是引进优良桑树品种、推广高产栽培技术，使桑叶产量提高了近50%；三是改进产业经营模式，推行"集中养殖低龄蚕，分户养殖高龄蚕"，解决了低龄蚕技术条件高、易死亡的问题，降低了农户养殖风险；四是与苏州丝绸厂直接建立原料供应关系。另一方面，大力发展高效生态农业。通过严格化肥农药使用，控产量、保品质，提高产品的市场竞争力。

(二)"人-地-钱"挂钩，推进农村现代化

黄溪村把人口迁移、建设用地指标和政策资金整合在一起。充分利用国家移民、"增减挂钩"项目试点等政策，通过"人-地-钱"挂钩，促进要素的同步聚集，实现农村现代化：一是科学编制村庄规划，推行迁村并点、整村搬迁，打造新型农村社区，实现人口集中；二是把移民建设用地指标、"增减挂钩"返回用

地指标集中用于新型农村社区建设;三是把移民搬迁资金、农民拆旧补助资金、新农村建设项目资金等统筹在一起,解决农民建房和社区基础设施建设的资金问题。村民方某告诉课题组,建房用地是免费的,"增减挂钩"项目获得了10余万元拆迁补偿,加上1.6万元扶贫补助,搬迁与建房的资金问题基本得到解决。

黄溪村在农村现代化建设中,紧紧抓住"就业、就学、就医"的核心工作。在就业上,一是通过完善农田生产道路,实现了农民骑摩托车去田地耕种;二是农民可到相应的农业企业中当产业工人。同时,人口聚集催生了超市、早餐店、茶楼、饭店、建材店等第三产业。2008年以前,全村青壮劳动力都外出谋生,高峰期有600多人在外打工,目前,全村在外劳动力人数不到200人。在就学上,黄溪村以留住优秀教师为抓手确保教学质量,为每位教师提供30多平方米住房,并设立教师学业奖对其进行奖励;为解决教师生活之忧,黄溪村还特地聘请烧饭师傅。在就医上,黄溪村成立了村医务室,村医务室常年有4位医生坐诊,村民实现了小病不出村。

(三)"村事村议",提升社会治理成效

黄溪村发展转折点是2008年新村集体领导班子的成立。这一年,曾当过3年副乡长,4年区企办主任,后又下海创业成功的徐万年,全票当选为黄溪村党支部书记。凭着自己多年在外创办企业的经验,徐万年提出"农业产业化、土地园林化、耕作机械化、住房城镇化、农民工人化"的"五化"发展目标和"家家有资产、户户有股份、人人有就业、年年有分红"的"四有"发展理念,并实实在在地付诸行动。他从改善干群关系、凝聚人心入手,跑项目、修大桥、建新村、创产业、引技术。村委会主任方小华,曾是南昌市第三建设公司的项目主管,领导过60多个工人做工程,熟悉项目建设。村支书思维敏锐、点子多,村主任熟悉各类建设项目业务,二人配合默契且清正廉洁,凭着一颗"让黄溪村共同富裕"的事业心,带领村两委一年365天坚守在工作岗位,形成了一个甘于吃亏、责任心强、乐于奉献的村集体领导班子。为节省成本,村干部亲自跑厂家找原料,减少中间商的利润;为了确保黄溪大桥的建设,村支书带头捐款1万元,并日夜在工地监督,检查每包水泥和每根钢筋的质量;为了弥补资金缺口,村干部自己动手浇筑村庄道路。

村两委坚持"依法建制、以制治村、民主管理"社会治理工作原则。推行"四议四公开"工作法,即重大事务一律采取"党组织提议—两委会商议—党员大会审议—村民代表大会或村民大会决议"模式,做到"决议公开、村务公开、实施过程公开、实施结果公开"。每十户选举一个代表,实行"村民代表大会议事、支部决策、村委会执行"自治机制。这些年来,在中心村建设、流转土地、修路架桥等各项事务中，黄溪村采取"一事一议"筹资200多万元，筹劳1万多个。特别值得一提的是，该村独创了"三角章"财务监督审核制度（一个公章平均分为三份，分别由该村三个片区的村民推举一位为人正道、做事公正的代表掌管，三个片区的代表均对某财务议决无异议时，才一起盖章通过财务审核），此举切实保障了村民的知情权、监督权。

## 二、黄溪村振兴发展的主要成效

黄溪村振兴发展的成效是全方位的。不仅经济得到发展，物质生活水平也明显提高，农村人均收入由2008年的1300元提高到2016年的8400元；村集体资产由2008年负债200多万元，发展到现在超过2000万元。而且村民精神面貌发生了翻天覆地的变化，精神生活水平同样明显提高。

（一）农业产业兴旺，农民生活水平显著提高

"确权确股不确地"不仅为现代农业提供了规模经营的土地条件，也实现了农民收入多样化，农户既有承包地的分红，也有作为农业产业工人领取的工资。在这里，勤劳就能致富。例如，黄溪村陈某一家以前靠家中2亩农田维持生计，一年收入只有4000元左右，现在丈夫在农业企业从事管理工作，年薪近10万元，妻子参与蔬菜生产，每月收入3000元左右，全家年收入近15万元。

目前，黄溪村已形成了具有市场竞争力的农业支柱产业。修水县欣宁蚕种科技有限公司、江西修水绿冬创康农业开发有限公司、江西南洋茶业有限公司等多个现代农业龙头企业落户黄溪村，促进了规模经营，发展壮大了蚕桑、蔬菜、花卉苗木、茶叶、水果五大支柱产业。其中，全村桑园面积已由2008年的70亩发展到现在的800多亩，产值由7万元猛增到500多万元，年纯收入5万元以上的蚕农就有31户。生态高效农业也初见成效。目前，黄溪村种植60亩有机葡萄，其品质远近闻名，60元/kg还供不应求；生产的蔬菜，其自然储存保鲜效果与口感与众不同，不少路过的旅客都会驻足黄溪村采购。2018年，一位64岁的蔬菜种植户，免费到各养蚕户中清理蚕粪，并将其用作肥料，硬是用8分①地种出了3.8万元产值的丝瓜。

（二）村庄生态宜居，土地利用效益明显提高

目前，黄溪村的新型农村社区已完成三期建设，不仅水、电、交通、休闲广

---

① 1分=0.1亩≈66.67m²。

场、文化活动中心、农贸市场等基础生活设施齐全，还成为该县唯一一个有公租房、公墓、垃圾处理场的美丽乡村。现已落户 500 余户 2870 人，包括来自外村的深山、库区移民 138 户，本村分散村民 363 户，聚集了全村总人口的 93%，这些人在这里享受着与城里人一样的生活基础设施。有村民自豪地说"这里既有完善的现代生活设施，又可享受农村清新的空气与优美的乡村风光"。尤其是小学教育，黄溪小学的教学质量已跻身全县小学前十，每年"5A"成绩的毕业生超过 50%，吸引了不少周边村庄孩子来此求学。在 320 多名学生中，外村学生占了 15%。

通过迁村并点、建新拆旧，农村建设用地集中形成规模，优化了土地利用空间结构，提升了土地利用效率。原来村庄零散，农户圈占宅基地现象普遍。调研中，有一八口之家宅基地高达 7.9 亩。但是现在社区建房统一安置，独家独院三层小洋楼，加上公共用地，户均不到 0.5 亩。全村自然村庄已由原来的 32 个，减少至目前的 11 个。黄溪村人口由 2008 年 2341 人，增至 2017 年 3100 多人，人口增加近 800 人，村庄用地反而减少了 1000 多亩，其中 300 多亩已复垦成农业用地。另外，虽然农村社区的统一规划建设在前期一次性投资较大，但长期来看，其可大大节省建设成本。仅以村村通公路为例，若按该村原有的 32 个自然村庄进行修路，不仅要投入 200 多万元资金，还要占用 30 多亩土地，当一些村庄自然荒芜后，又要投钱对一些硬化的道路进行复垦，这无疑增加了发展成本。

### （三）社会治理成效显著，乡村文明蔚然成风

2008 年以前，黄溪村村民因基本生活难以保障而经常上访，给县乡领导开展下乡驻村工作带来困难。如今，黄溪村零上访、零投诉，连续 7 年被评为县综合先进单位，2012 年被评为第五批"全国民主法治示范村"。黄溪村已成为对外宣传的一个窗口，几乎每天都有慕名而来的学习考察团。2017 年 7 月 30 日，纪念"三个 90 周年"网络媒体大型主题宣传活动走进黄溪村，黄溪村的发展变化得到来自全国的 30 多家网媒记者的一致赞叹。

黄溪村的社会治理成效突出表现在两个方面：一方面是干群关系融洽，集体公益事务推进顺利。不准接受吃请、不准接受烟酒礼物、不准接受红包，是黄溪村村干部的三条铁律，即使村民办喜事，也只随礼而不吃饭。村两委干部的长期坚持，融洽了干群关系。拆房、迁坟是农村的天下第一难事，黄溪村平安顺利完成了 300 多户农户的拆房，2800 多穴的迁坟，且无一人上访。另一方面是社会风气明显好转，大家尊老爱幼、互帮互助。以往，黄溪村赌博成风，不少村民无所事事，有村民因赌博欠下几万元债务。为了铲除麻将赌博这个"毒瘤"，经村民代表大会决定，全村 62 台麻将机被全部封存，如发现有人打麻将，一次奖励举

报人 300 元。现在，黄溪村人人忙于工作，赌博现象消失。为了解决孤寡老人、五保户等弱势群体的住房问题，黄溪村建设了 22 套公租房，公租房产权归村集体所有，供孤寡老人和五保户等弱势群体免费居住。整个黄溪村又回归到"邻里和睦、互帮互助"的传统文明乡风之中。

## 三、对培育乡村振兴内生动力机制的启示

黄溪村既没有丰富的自然资源，也没有明显的区位优势，更缺乏良好的经济基础，却通过几年的实践，成为远近闻名的乡村振兴典范。黄溪村的成功对各地培育乡村振兴内生动力机制具有积极的启示，那就是"让集体强起来、让农民动起来、让土地活起来"。

### （一）集体组织是乡村振兴的关键主体

乡村振兴是整个乡村的全方位振兴，具有系统性和地域性的鲜明特征。一方面，乡村振兴是典型的系统工程，既要硬件建设也要软件建设，既要建设也要管理。客观上，乡村振兴要求把涉及"三农"内容的工作统筹在一起，形成"一盘棋"的工作格局。黄溪村成功的一条重要经验就是坚持了系统工作理念，特别是注重"两个同步"推进：一是同步推进以新型农村社区为载体的农村现代化与以"确权确股不确地"为抓手的农业现代化，既改善了村民的生活环境，又培育了支撑农村发展的农业产业；二是以就业为突破口，提高村民生活的经济收入，健全自治、法治、德治相结合的乡村治理体系，协调推进乡风文明，既提高了村民的物质生活水平，也提升了乡村精神文明。另一方面，乡村振兴必须立足于自身的自然资源条件和社会经济基础，因地制宜地振兴。不同地域条件环境下的乡村振兴优势不同，面临的制约因素也不同，只有深入认识自身特征，才能找到合适的振兴之路。黄溪村在实践中充分认识自身的资源优势，抓住生态，做出特色，错位竞争，同时延长产业链，降本增效，促进了产业兴旺。

诚然，广大农民是乡村振兴建设的主人，但乡村振兴的系统性和地域性要求有一个强有力的协调者和组织者，而村集体组织是胜任这一角色的不二人选。我国的村集体组织沿袭着传统的村落历史脉络，村民与村落的发展和村集体组织的兴衰荣辱与共，使其成为农村社会发展的基本"生命共同体"。村集体组织是农村社会经济发展的关键主体，他们在协调个人与集体利益、局部与整体利益矛盾中具有得天独厚的优势。只有充分发挥这一关键主体的主动性和积极性，农村振兴才能形成内生动力机制，避免"上热下冷、外热内冷"现象。实践证明，发展好的乡村，都是村集体组织战斗堡垒作用发挥好的乡村，黄溪村本身就是一个

典型。

如何培育下一届村集体领导班子，是徐万年最担忧的事情。目前，村集体领导班子7个成员大部分年龄在50岁以上，且都有一定的经济基础，虽然他们的存款越来越少，但有子女的支持，生活无忧。然而，对于年轻人来说，仅凭奉献精神做好村干部本职工作是不现实的，他们也有着与同龄人一样的物质需求。黄溪村也曾吸收一些年轻人加入村集体领导班子，但过低的待遇留不住人。村集体组织弱化是江西省一个普遍现象。如何吸引有能力的年轻人进入村集体领导班子，改变多数村集体"无资产、无资本、无资金"现状，培养造就一支懂农业、爱农村、爱农民的"三农"管理队伍，是加强村集体组织建设，确保乡村振兴的一个基础性任务。

（二）广大农民是乡村振兴的主人

广大农民是振兴乡村的主人。他们最清楚乡村的基础和条件，也最渴望乡村的发展。能否充分调动广大农民的积极性，真正发挥他们的主人翁精神，是形成乡村振兴内生动力的关键。因此，必须改变一些地方农民群众"等、靠、要"的依赖思想和"政府干、村民看"的现象，特别要防止"塔西佗陷阱"（即无论政府说的是真话还是假话，做的是好事还是坏事，民众都将给予负面评价），杜绝出现村民对政府"低信赖、高依赖"的心态。

黄溪村为了充分调动广大农民参与乡村振兴的主动性和积极性，多管齐下。一是努力完善生活基础设施，让农民安心。黄溪村通过迁村并点，集中财力、物力和建设用地指标建设新型农村社区，加强现代生活基础设施建设，特别是着力解决当前人们普遍关心的"三就"（就业、就学、就医）问题，让黄溪人安居乐业。二是改善农业生产条件和人口聚集，既聚集了人气、创造了就业机会，也让村民对发展前景充满信心。不少村民告诉课题组，在这里，勤劳定能致富，现在人人忙于工作，就是偶尔打打麻将、玩玩牌，都会被人耻笑。三是"村事村议"让农民顺心。"人人都是黄溪主人"，每人都肩负着黄溪发展的义务，都在尽心地为黄溪发展做贡献。此外，为了提高村民的发展能力，黄溪村采取"请进来、走出去"的方式，学习推广先进的农业技术，让每个村民都掌握一技之长。

"人心齐，泰山移""信心比黄金更重要"，要充分调动全体农民参与乡村振兴，聚集民心、树立信心。一要构建科学的公众参与机制。只有赋予农民充分的知情权、选择权和话语权，并从农民真正关心的地方入手，才能充分了解农民的意愿，进而统一思想，形成合力。在这方面，充分民主的"村事村议"机制至关重要。要广泛宣传乡村振兴战略，让农民充分了解具体乡村振兴工作对自己切身利益的关联性；同时，要加强公众参与的制度化建设，对参与原则、过程、方式方法和要求做出原则性基本规定，为乡村振兴的公众参与提供制度保障。二要加大乡村振兴的人才建设。既要加大新型农民的培育，也要加强农产品加工、乡村旅游等从事农村第二产业、第三产业的人才培育，特别是复合型人才的培育，以适应产业深度融合的发展趋势，促进产业兴旺。要抓住农民工返乡、大学生回乡等关键人群的培训，他们是实施乡村振兴战略的关键主体。

（三）土地使用制度的改革与创新是激活乡村振兴活力的重要切入点

土地是农业最基本的生产要素，也是农民最根本的生存资源、农村最宝贵的发展资本，在乡村振兴战略中扮演着基础性的关键角色。然而，一方面，农村大量建设用地闲置、低效利用，造成巨大土地资产沉淀，难以实现其资源、资产和资本的权能；另一方面，现代农业需要的适度规模经营土地条件难以形成，农村公共基础设施建设用地难以保障，土地征用、土地拆迁等社会纠纷频繁发生。

通过"确权确股不确地"创新承包地经营权流转机制，推进农业现代化，以及通过"农村建设用地全村统筹"创新宅基地使用机制，推进农村现代化，是黄溪村的两大制胜法宝。这些土地使用制度创新激活了乡村振兴内生动力，特别是"确权确股不确地"，坚持以家庭联产承包为主的责任制、统分结合的双层经营体制，增强了农民对村集体组织的认可，强化了村民对农村土地集体所有的观念，还为改善农田基础设施创造了条件，带来诸多利好。

乡村振兴中的土地使用制度创新应坚持系统思维。一是要在具体土地制度的改革中，坚持"一盘棋"思维，联动推进，相互协调，形成合力。要实现"生态宜居、乡风文明、治理有效、生活富裕"的农村现代化目标，就必须完善相应的教育、医疗、公共交通、公益活动场所等基础设施，大力发展配套第三产业，而这些公共设施的建设与运行、第三产业的生存，需要形成一定的人口聚集规模。一方面，当前的农村宅基地只限于本村集体组织成员使用显然对人口的合理聚集形成阻力，这就要求改革现行的农村宅基地使用制度；另一方面，农村公共设施建设和第三产业的发展，必须考虑农村公共建设用地和经营性建设用地使用制度改革，进而又涉及土地用途管制制度的改革。人口的聚集及向第三产业的转移，还需要通过经营权的流转解决各家各户承包地的耕种问题，这又回到了"产业兴旺"目标下的促进经营权流转的改革主题上。二是促进各社会生产要素的系统协调，实现"人-地-钱"的同步聚集。乡村振兴离不开土地、劳动力、资金等基本社会生产要素的共同协调支撑，由于劳动力、资金等要素的配置最终要落实在土地上，土地使用制度在很大程度上决定着其他生产要素的配置。要顺应迁村并点的历史潮流，以区域居民点体系规划为抓手，实现"人-地-钱"的同步聚集。随着社会的发展与技术的进步，特别是交通条件的改善，农村生产生活半径迅速增大、社会分工协作范围不断扩大，农业生产已不再是农村社会最主要的一项功能，子女教育、非农就业环境、医疗保障等社会服务成为农村社会的需求，而生活基础设施配套的人口聚集规模内在需求，导致"迁村并点"成为当前农村社会发展一个潮流，传统的"沿路而建、临水而居、依田而住"的散乱农村宅基地布局已不利于乡村的振兴。因此，应遵循城乡融合发展，科学编制区域居民点布局体系规划，既要考虑现有的村级组织基础与历史延续，也要考虑生活公共设施共享的需求，同时，在坚持农村宅基地所有权、资格权、使用权"三权分置"改革方向下，积极探索跨集体组织的宅基地使用制度。

# 以土地综合整治助推乡村振兴的思考*

## ——基于四川青杠树村、浙江鲁家村和江西黄溪村的调研

创新土地使用制度、提高要素保障,是推进乡村振兴的一个关键抓手。2017~2018年,课题组对四川青杠树村、浙江鲁家村和江西黄溪村进行了"土地综合整治与乡村振兴"专题调研,调研发现,土地综合整治在解决农村用地碎片化、无序化、低效化等突出问题,推进乡村振兴方面表现出强大的生命力。

## 一、土地综合整治的主要做法与成效

四川青杠树村,以全国农村土地制度改革试点为契机,以土地综合整治为切入点,全面推进乡村振兴,成为"中国十大最美乡村""中国美丽休闲乡村"。浙江鲁家村,以土地综合整治推进了"村+公司+家庭农场"的乡村发展模式,被评为"中国十佳小康村"。江西黄溪村,通过土地整治实现了"人-地-钱"同步聚集,短短几年由"贫困村""上访村"华丽转身成为远近闻名的"秀美乡村""全国民主法治示范村"。

尽管三地的乡村振兴各具特色,但一个共同的成功经验就是以土地整治为抓手,即统筹区域内农用地整理、建设用地整理、未利用地开发、生态环境修复,对农村生产、生活、生态空间进行全域优化布局、综合整治,实现农田的连片提质、存量建设用地的盘活与人居环境的提升。

### (一)规划先行,统筹区域用地安排

一是突出村产一体化规划。例如,鲁家村投入300万元巨资编制了村产一体化发展规划,以村庄规划重构生活环境,根据特色民居、田园风光、乡土活动等乡村景观,综合传统农业升级和乡村旅游拓展需求,规划布局了主题各异的18个家庭农场,并利用观光小火车将其串成一体,在延续原有农业为主的生产方式基础上,实现复合生态农业、休闲旅游、田园居住等多样功能,打造集"游、

---

\* 本文曾刊发于《调查与研究》2019年第1期,参加调研的还有刘桃菊、廖彩荣。

吃、住、购、娱"于一体的田园综合体。青杠树村也编制了"林院相依、院田相连、田水相映"的"小规模、组团式、生态化、微田园"乡村发展规划，把村庄建设与创建国家 AAAA 级景区，发展观光农业、休闲亲水旅游业融为一体。二是推进土地集中规模化利用。例如，青杠树村对全村 573.2 亩建设用地进行了统筹规划：新型农村社区建设用地 211 亩，将原来的 11 个自然村归并为 9 个社区组团，实现人口集中居住；集中布局集体经营性建设用地 269 亩，用于农村建设用地入市试点，发展第三产业；现有产业项目、公益用地保留 77.8 亩；预留集体产业用地 14 亩；复垦新增耕地 1.4 亩。黄溪村利用"增减挂钩"试点，推行迁村并点、整村搬迁，集中建设黄溪新村。全村人口由 2008 年的 2341 人，增至 2017 年的 3100 多人，村庄建设用地反而减少 1000 多亩，而且人口的聚集还催生了超市、饭馆、茶楼、建材店等服务行业。

（二）整合资源，实现要素同步聚集

一是创新资源整合机制。例如，青杠树村采取"分别立项、统一管理、同步实施、整村推进、分类验收"的项目管理方式，以土地整治专项资金投入为主，农业、水利、交通等部门的涉农资金为辅，将中低产田改造资金、农田水利建设资金、"六小工程"资金、农村道路建设资金、农业开发资金等一并纳入专项资金账户进行统一安排使用，形成土地综合整治"一盘棋"。二是形成政策合力。例如，黄溪村在把移民建设用地指标、"增减挂钩"返回新增建设用地指标全部集中用于新型农村社区建设的同时，统筹移民搬迁资金、农民拆旧补助资金、新农村建设项目资金等，用于农民建房和社区基础设施建设，实现了"人-地-钱"社会生产要素的同步聚集。青杠树村把"增减挂钩"试点政策与农村建设用地入市试点组合在一起，把整治出的村集体建设用地入市交易，为乡村振兴争取了资金。黄溪村将 97.48 亩集体经营性建设用地挂牌出让给成都漫生活休闲文化产业有限公司，获得了 5848.8 万元的土地流转收入。

（三）制度创新，破解用地配置难题

一是创新建设用地盘活机制。例如，青杠树村借鉴"增减挂钩"思路，在农村建设用地总量不突破的前提下，以村为单位，优化建设用地结构，不仅盘活了常年闲置的土地资源，还通过农村建设用地入市交易，实现了土地使用权的流转收益，据估算，269 亩集体经营性建设用地以商服用途按 40 年使用期入市，预计可获 1.97 亿元的土地收益。二是创新承包地的经营方式。例如，黄溪村提出"确权确股不确地"模式，实行"确权不确地、分红按人头、补贴归原户、组级管理、村级整包"，进行集中成片流转，成功引进了多个现代农业龙头企业，形成了蚕桑、蔬菜、花卉苗木、茶叶、水果五大支柱产业。青杠树村则组建农业合作联社，统一农资供应、统一技术培训、统一机械化作业，建立标准化生产管理体系，发展"稻鱼共生"等生态农业和花卉产业，融生产、景观于一体。三是强化规划的约束作用。例如，鲁家村以"三统三共"确保规划实施，即统一规划设计、统一运营、统一品牌，避免恶性竞争；共同建设、共同经营、共同分享，把利益捆绑在一起，并明确"不准建围墙、不准增建停车场、不能收门票"，保证了鲁家村的统一运营，严格按规划建设。

（四）以民为本，激活整治内生动力

一是重民意，激发广大村民积极性。例如，青杠树村明确提出"四民"的工作理念，即"资源来自民，意愿取决于民，政策依靠于民，利益归属于民"。一方面，通过改善生活环境来增强农民的改革获得感；另一方面，在建新拆旧中，按"占谁补谁、权属调整、股份量化"的方式进行占地补偿，让农户真正得到实惠。黄溪村也正是由于获得了全体村民的支持，才顺利完成了300多户农房的拆除及2800多穴的迁坟，并通过"一事一议"在中心村建设、修路架桥等公益事务中，筹资200多万元，筹劳1万多个。二是选对人，选好村集体领导班子带头人。无论是青杠树村村支书韩忠、鲁家村村支书朱仁斌，还是黄溪村村支书徐万年，都是当地公认的能人，见识广、想法多，特别是有一颗带领家乡奔向富裕的责任心。带头人在土地综合整治这一涉及面很广的复杂工程中的作用至关重要，必须是德才兼备的人。三是重管理，建立完善的乡村治理制度体系。例如，青杠树村推行"1+4"双轨模式，即在村党支部的领导下，村民委员会、村民议事会、村公共服务中心、村集体经济组织相互协同，在村民监事会的监督下，在公众参与、补贴、奖励、土地预出让、生态保护、文化传承、新房分配、经营发展、资产管理和环境治理等方面制定了配套制度。黄溪村则创立了"三角章"财务监督审核制度，即将一个公章平均分为三份，分别由该村三个片区村民推举出的三位为人正道、做事公正的代表掌管，以保障村民对村集体财务的知情权和监督权。四是摆正位，明确政府的角色定位。例如，青杠树村把政府包大求全的"管治式治理"变为"服务式治理"。当地政府只是派"三员"（党建促进员、廉政监督员、村务指导员）驻村两委，为乡村发展提供便利服务，具体事务由村集体经济组织自行决策。

## 二、推进土地综合整治助乡村振兴的建议

土地综合整治不仅能提高乡村振兴的用地保障能力，还能通过高标准农田建

设的新增耕地产能指标和"增减挂钩"节余指标的跨区域调剂，为乡村振兴注入资金。

（一）坚持系统思维

土地综合整治并不是简单的土地空间重配，还包括人口、产业、资金等多方面社会资源的重构；也不是单一的项目工程，还包括土地调整及相应的人口、产业配置的政策安排，系统思维是贯穿土地综合整治始终的灵魂。一是要科学编制村土地利用规划及其实施方案。要适应人口集中居住和生产规模化经营的要求，遵循"山水林田湖草"生命共同体基本规律，编制村级土地利用规划，引导要素聚集，并运用"增减挂钩"试点等相关政策制定具体的规划实施方案，确保规划蓝图能成为现实。二是进一步整合资源。在整合涉农资金建设高标准农田的基础上，扩大整合范围，形成集高标准农田建设、"空心村"改造、"增减挂钩"试点、新型农村社区建设、农村生态环境综合治理等于一体的农村土地综合整治机制，包括项目资金与优惠政策。三是突出村产融合。把"产业兴旺"与"生态宜居"融为一体作为农村土地综合整治的主要目标，要针对新业态新产业的多样性和个性化特征，以及新型农村社区公益基础设施的配套建设需求，把土地整治规划设计与产业发展的用地条件、村庄建设相结合，实现新业态新产业、村庄建设用地供给的精准到位。青杠树村立足自身的区位和资源条件，围绕农旅融合的产业定位，顺应居民点"迁村并点"需求，科学编制"产村一体"的村土地利用规划，是其取得成功的一个重要经验。

（二）激发自身动力

土地综合整治的主角不是政府，而是村集体组织和广大村民，激发当地的自身动力是土地综合整治得以顺利实施的根本，必须是"我要整治"而不是"要我整治"。一是试点先行，示范领引。示范对于调动群众积极性的作用是巨大的，建议选择条件较好的地方先行开展土地综合整治试点，通过试点总结经验、示范引领，"成熟一片实施一片"，集中力量打歼灭战。二是加强村集体经济组织建设。土地综合整治离不开村集体强有力的组织与协调，要加强村集体领导班子建设，特别是选好"班长"。要尽快改变江西村集体组织弱化的现象，壮大村集体组织经济，从而增强村集体开展土地综合整治的组织和协调能力。黄溪村创新扶农惠农财政资金的使用方式，除了将拆迁安置等补助直接给予农民外，其他均转化为村集体组织的经济。例如，蚕桑生产扶持资金用于集体统一建设蚕桑大棚，形成了近600万元的村集体资产，村集体组织以10元/($m^2 \cdot a$)的租金将蚕桑大棚租给蚕农使用，并免费提供技术指导和负责日常修护；鲁家村引进旅游公司发展旅游产业，村集体改变土地使用权出让一次性折价的做法，以土地资源占用49%股份入股，每年参与分红，保证了村集体经济的源泉。三是充分调动全民参与土地综合整治的积极性。农民生活环境的改善是最普惠的民生福祉，土地综合整治要从解决群众反映最强烈的环境脏乱差做起，通过完善公共服务设施，提升农村生活品质，增加群众对土地综合整治的期盼感。例如，青杠树村通过推行"1+26"，即围绕乡村振兴这一中心，以打造"10分钟生产生活圈"为目标，配置26项公共服务与社会管理项目，让村民享受到与城市居民一样的现代生活条件和公共服务，基本实现了"办事不出村"，从而使村民发自内心的支持土地综合整治。

（三）善于创新探索

土地综合整治涉及土地资源的优化配置，进而引导人口、产业的聚集，要善于通过制度创新，增强土地综合整治的活力，提高实效。一是土地使用制度的创新。土地使用制度创新是取得土地综合整治实效的关键，既要在农村承包地"三权分置"的基础上，探索经营权流转与现代农业经营主体培育、特色产业生产条件建设的相结合，也要在农村宅基地"三权分置"的改革方向下，顺应"迁村并点"的农村社会发展潮流，探索跨集体经济组织的宅基地使用制度。黄溪村探索的"确权确股不确地"促经营权流转，就很好地促进了耕地的规模经营和现代农业经营主体的培育；黄溪村和青杠树村均打破小组界限，统一安排农村宅基地用地，才实现了居民点的优化和居住的聚集；青杠树村还借鉴"增减挂钩"思路，将农村建设用地复垦出的新增建设用地指标全部用于村庄建设，在农村建设用地总量不突破的前提下，优化了建设用地结构，同时完善集体建设用地的赋权机制，实现了集体建设用地使用的融资功能。二是土地整治方法的创新。要提倡生态化的土地整治技术，推行生态沟、生态渠、生态路及面源污染净化工程，避免沟渠道路的过分水泥硬化，实现生物多样性保护工程与土地平整工程、农田水利工程、道路交通工程的相互融合。改变"片面追求新增耕地指标"倾向，在农田整治中，不宜把所有坑塘水面、滩涂湿地都复垦成耕地；在农村建设用地复垦中，也应坚持因地制宜的原则，宜耕则耕，宜林则林，宜草则草。青杠树村在土地综合整治中，利用原有地形地貌，保护水体、田地、沟渠、林盘等生态环境体系，充分发挥出水乡生态、田园风光、川西民居风貌、林盘特色资源的资源优势，保持生态本底，打造生态宜居的美丽乡村。

# 农村产权交易的市场化运作探索[*]

## ——基于浙江永嘉农村产权交易改革的调研

## 一、引言

作为农村集体产权制度改革的一项重要内容,农村产权交易市场的建设与发展,对推动现代农业转型升级,加强农村集体"三资"管理和发展壮大农村集体经济具有重要意义。面对农村用地要素供给不足与大量土地低效或闲置利用并存的尴尬现象,通过农村产权交易,不仅可以盘活沉睡的土地资源,还能促进劳动力、资金、技术等其他生产要素的优化组合,从而为乡村振兴战略提供强大动力。多年以来,党和国家一直高度重视农村产权交易,以2014年"中央一号"文件为政策切入口,提出了"建立农村产权流转交易市场,加强农村集体资金、资产、资源管理,提高集体经济组织资产运营管理水平,发展壮大农村集体经济";2015年1月,国务院办公厅印发《关于引导农村产权流转交易市场健康发展的意见》,对农村产权交易市场设立、运行和监管等提出了具体指导意见;2018年中央一号文件《中共中央 国务院关于实施乡村振兴战略的意见》明确"推进体制机制创新,强化乡村振兴制度性供给",并提出"要以完善产权制度和要素市场化配置为重点,激活主体、激活要素、激活市场";2019年中央一号文件《中共中央 国务院关于坚持农业农村优先发展 做好"三农"工作的若干意见》再次强调,要"健全农村产权流转交易市场,推动农村各类产权流转交易公开规范运行"。基于现实的需求,各地依托各级政府或职能部门,积极成立了公益性的县、乡农村产权交易机构[1],但这些交易服务机构存在市场主体定位不清晰、市场交易主体参与动力不足等问题,功能单一、效率低下[2]。目前,我国基本完成了农村产权确权工作,也开展了农村集体资产清产核资,完全具备了农村交易的条件,新形势下,加快构建农村产权交易机制,助力乡村振兴战略,显得更加迫切。

---

[*] 本文曾刊发于《土地经济研究》2019年第2期,参加调研的还有廖彩荣、朱美英、张淑娴。

近年来，学术界围绕如何提升农村产权交易效果、盘活农村土地资源开展了广泛的研究，研究认为制约农村产权交易的主要因素包括农村产权界定不清、产权不完整[3,4]、市场平台建设不完善、中介机构发展滞后、市场需求难以激活[5,6]，农民财产权利缺失[7]、监管不到位、风险防范和补偿机制不健全[8-11]，并提出了明晰集体资产权属[12]、确权颁证[11]、加强监督[13]、信息发布及时且渠道多样化[14,15]等系列对策建议。不少地方也"因地制宜"地开展了农村产权交易的实践探索，如通过确权、登记农村资产并颁证，建立农村产权交易体系，允许部分农村资产和产权抵押，以及创新农业经营的"武汉模式"[11]；明晰集体资产权属和经济组织成员资格，强化农村集体资产监管权的广东农村产权交易改革[12]；成立监督管理委员会、建立产权交易长效机制、扩大信息覆盖范围及与银行合作创新贷款方式的辽宁铁岭农村综合产权交易市场[13]；以农地抵押融资制度创新推动农村产权交易的"海盐模式"[15]。新形势下，特别是在实施乡村振兴战略，加速农业农村现代化的新阶段，进一步加强规范化建设，建立健全政府引导、市场运行、管理规范、阳光透明的农村产权交易管理服务体系，充分发挥好农村产权交易在促进城乡要素融合、提高农村要素资源配置、助力乡村振兴战略方面的作用，显得尤为重要，这既要在理论上求突破，推进理论创新，又要在实践层面找寻鲜活案例，做好总结示范。

2015年，浙江省永嘉县引入民营资本，成立了完全由社会资本运行的县级农村产权服务中心，探索农村产权交易的市场化运作，并取得了显著成效，不仅激活了农村产权交易市场，而且实现了农村资产的保值增值，发展壮大了农村集体经济，为乡村振兴注入了强大动力，成为2018年浙江省26条改革典型经验之一，并在全省推广。对永嘉县农村产权交易改革的深入剖析，可为全国农村产权交易市场化运作机制的构建提供积极的借鉴经验。

## 二、浙江永嘉农村产权交易改革的实践

（一）永嘉农村产权交易改革的主要做法

作为国家首批农村改革试验区，浙江温州组建了农村产权交易管理委员会，设立了温州市农村产权服务中心，其下辖县（市）也相应成立农村产权交易分中心，其中苍南、永嘉、平阳三县探索政府购买社会化服务方式。永嘉县通过竞争评审，采用合同准入和特许经营的法律形式，授权温州嘉诚拍卖有限公司组建了该县农村产权服务中心，该中心创新做法在于引入民营资本参与农村产权交易市场建设，以市场化运作为全县农村产权依法流转交易提供一站式服务平台，其

主要做法可归纳为以下几点。

**1. 组建专业队伍，实现专业人做专业事**

温州嘉诚拍卖有限公司通过与政府达成协议，承担组建永嘉县农村产权服务中心任务后，吸纳了温州汇丰拍卖行有限公司、温州市佳得拍卖有限公司等5家拍卖公司，温州诚安房地产评估有限公司和江苏金土地房地产评估测绘咨询有限公司2家评估公司，并与浙江嘉瑞成律师事务所、浙江浙合律师事务所建立合作关系，使得中心的工作人员具备了拍卖、法律、评估、金融等专业知识，拥有相应的专业从业资质，从而为产权交易过程中的资产评估、交易拍卖和法律服务等关键业务，提供了扎实的专业基础保障，专业队伍的组建，实现了专业人做专业事。不仅在农村产权交易的调查取证、资产评估、信息公开、交易运作等具体环节上实现专业操作、规范运行，还为买卖合同、租赁合同等交易文本制作了标准文本，最大限度地消除了因产权交易不规范而引发的交易风险隐患。

**2. 多方联动协同，构建农村产权交易新机制**

永嘉县农村产权服务中心成立后，通过明确农村产权交易相关主体的职责，形成多方联动协同机制。在多方协同采集农村资金、资产、资源"三资"信息基础上，永嘉县开展"清产核资"，实行属地乡镇（街道）、中介机构、村两委的"三堂会审"，并建立了永嘉县农村产权服务中心与各乡镇（街道）村账代理中心的信息共享系统。永嘉县农村产权服务中心全程提供"清产核资、价值评估、交易运作"的"一站式服务"，政府出台文件规定农村集体资产依法转包、租赁、转让、入股、互换或者其他方式交易的，应在农村产权服务中心及其分机构进行；鼓励农村个人产权在农村产权服务机构进行，从而实现渠道的归口和单一管理，实现效率最大化。

**3. 完善相关制度，规范企业运行行为**

在《国务院办公厅关于引导农村产权流转交易市场健康发展的意见》（国办发〔2014〕71号）、《浙江省农村集体资产管理条例》及《温州市村股份经济合作社经营性资产交易行为规范（试行）》等农村产权交易法律法规和政策指引下，永嘉县成立了农村产权交易管理委员会，制定了《永嘉县农村产权交易实施办法（试行）》，对业务、交易范围、程序、争议处理和法律责任等方面进行制度设计，严格规范企业在农村集体产权交易中的各种行为。特别是在交易流程中，严格明确规定农村集体产权转让前，必须经本集体经济组织成员（代表）大会讨论通过、形成决议后，采取协议、竞价、拍卖、招标等方式进行交易，保证各个环节公平、公正、公开。完善的制度建设，不仅规范了农村产权交易行为，增加了社会的透明度，更为企业运作划定了红线，确定了基本的原则，确保了农村产权交易沿着正确的轨道前行。

**4. 承担社会责任，树立社会公信力**

作为民营资本运营的产权交易市场主体，永嘉县农村产权服务中心以集体经营性资产入场交易为主营业务，以收取一定比例的佣金来维持企业的生存与发展，但并不完全专注于营利，反而是通过承担大量的公益事务，赢得社会信誉。一方面，永嘉县农村产权服务中心为耕地、林地的土地承包经营权流转交易提供全免费的公益服务，其依托温州产权交易中心这一平台，建立全县乃至全市的数据库，为流转双方牵线搭桥，多年来成功帮助流转了7954亩耕地、7111亩林地；另一方面，其积极接洽金融机构，以耕地和林地承包经营权作为担保，免费提供交易鉴证服务，帮助交易方获得银行金融支持。例如，2016年1月三江街道行禅村541亩土地的流转，该中心协助流转受让方与温州市农信融资担保有限公司对接，凭中心出具的农村产权"交易鉴证书"，浙江三五早农业开发公司成功获得150万元贷款。

**5. 勇于探索创新，提升产权交易效益**

一是积极探索"互联网+村集体经营性资产公开处置"交易。率先试水淘宝网公开竞价，在淘宝网上注册了全国第一家农村产权交易平台，形成了"标的资产调研+潜在市场路演+线上线下宣传+网络公开竞拍"交易模式。充分发挥互联网交易高效、快捷、公平、公开等优势特点，实现交易信息更快、更广范围的传播，大大提升了溢价率；有效防止围标和串标，实现交易的公平公正。例如，东城街道浦口村城南锦苑15间商业用房的转让，通过淘宝网资产交易平台，15间商业用房全部成功交易，其中1间商业用房起始价64.788万元，成交价190.288万元，溢价率达193.7%。二是创新开拓"三产安置房"处置业务。"三产安置房"是温州市在土地征用过程中的历史遗留问题，其主要是在政府征地后按征地面积返还30%的建设指标给被征地方用于发展第三产业，安置闲置农民劳动力，但"三产安置房"从资金筹措、建造、分配到租赁等一系列过程都较为烦琐，村集体难以自主完成，常常在前期项目审批、建房集资问题、房屋建筑质量监管等方面受阻，烂尾楼现象严重。永嘉县农村产权服务中心充分发挥专业优势，作为第三方，为其提供全程代理服务，量身定制安置房认购方案，对安置房确权前的产权交易进行规划管理，有效地解决了前期指标拼凑、集资、安置房分配、规范房屋租赁合同、安置房商业部分的招商引资等问题，取得了良好效果，盘活了沉睡多年的村集体资产，发展壮大了村集体经济。例如，针对瓯北街道塘头村三产安置房建设项目，中心介入后，量身定制"一揽子解决方案"，精准制定个性化的竞价方案，帮助筹集资金2亿元，使停工近5年的项目重新启动施工，现项目已建设完成。

(二) 永嘉农村产权交易改革的主要成效

永嘉县农村产权服务中心目前已形成以耕地、林地承包经营权流转交易鉴证为公益服务，集体经营性资产入市交易为主营业务，三产安置房全过程代理为特色的业务体系，在促进和规范全县农村产权交易上发挥了关键作用，有效地破解了农村产权交易缺乏场所"去不了"、私下交易"看不到"、缺乏标准"管不好"等系列难题。截至2018年年底，永嘉县农村产权服务中心共成交1141宗交易，成交金额达11.9亿元，实现了"村集体经济壮大、企业高兴、政府满意、村民受益"的多主体共赢。

**1. 培育农村产权交易市场，盘活农村土地资源**

一是规避以往农村产权交易的乱象。农村土地产权交易市场由于发育长期滞后，形成了交易被人情世故影响的乱象，交易时偏向亲戚熟人，但结果往往损害了集体资产利益，通过永嘉县农村产权服务中心公平、公正、公开的运作，特别是采取底价密封式竞价等创新交易模式，低价交易等暗箱操作行为得到效防止，有效避免了村集体资产流失，维护了农民合法权益。二是有效避免产权交易纠纷。因交易不规范而引发的农村产权纠纷是常见现象，特别是签订的租赁合同往往存在漏洞。而在现在的规范交易过程中，承租方需支付一定保证金，一旦承租方违约，农村产权服务中心就可以按照合同规定保障租赁方的权益。三是最大限度地体现了农村产权的市场价值。通过拍卖，特别是网上"背靠背"的报价，最大限度地运用价值竞争机制，实现了农村产权的市场价值。2015~2018年，永嘉县村集体资产的平均溢价率为26%，2018年引入淘宝网公开竞拍后，溢价率达到33%。

**2. 压缩村干部寻租空间，营造良好的乡村治理氛围**

一方面，农村产权的阳光交易成为遏制农村基层腐败行为的一把利器。农村集体产权交易易滋生农村基层腐败，而永嘉县将村集体资产交易交给永嘉县农村产权服务中心运作，通过中心规范和公开透明的流程，可有效防止农村基层干部利用职务牟利的行为，压缩村干部寻租空间。另一方面，有利于维护村干部的廉洁形象，营造良好的乡村治理氛围。村干部借助平台规范阳光的交易，可获得村民的支持和信任，进而能放下工作包袱，大胆地开展农村产权交易，促进农村土地资产激活变现。现在，在永嘉县不进入永嘉县农村产权服务中心的农村产权交易，都视为其中存在"猫腻"，这也反向推动了永嘉县农村产权交易服务中心的建设发展。

**3. 显化农村资产，实现集体资产的保值增值**

一是农村巨大的资产得到显化。有效的工作机制，成功地激活了农村长年

"沉睡"的资本。例如，桥下镇下斜村集体有一台挖掘机废弃多年，通过永嘉县农村产权服务中心发布信息，公开交易，以21.2万元成交，实现了资产的变现。二是运用市场手段实现了农村集体资产的保值增值。再如，瓯北街道新桥村新桥大厦二楼六年租赁权交易，村集体自估交易的租金大概为60万元/a，永嘉县农村产权服务中心实地介入后，找出亮点，充分发掘地域所在的教育资源，通过定向宣传等措施，特别是与培训机构有效沟通等，经淘宝网线上公开竞价，以162万元/a成交，溢价率高达170%，有效实现了村集体资产保值增值权益。村两委及村民获得实际收益后，对中心商业化运作农村集体产权交易及充分公开竞价的成效交口称赞，主动向中心递交本村集体其他的经营性资产入场的申请。

### 4. 壮大村集体经济，增强村集体组织能力

农村集体资产显化后，资金流入了村集体，进而壮大了村集体经济。有了更加殷实的经济实力后，村集体组织能力更强了，能更好地服务村民。南城街道中西村出租2000m²综合楼，租金起始价为37万元/a，通过淘宝网公开交易，以68.4万元/a成交，同时根据村集体具体需求及周边环境考量，限定综合楼一楼作为农贸市场功能招商，为村民的生活提供便利。在为村集体取得收益的同时，村民的日常生活和周边配套也更加便利。例如，瓯北街道塘头村村集体在建造三产安置房时，因资金链断裂而导致烂尾，造成了村集体几百万元的亏损，在农村产权服务中心全程代理下，三产安置房顺利竣工，并以公开竞价的形式为安置户分配安置房。同时，因为该村的安置房位置好、质量佳，且安置户普遍经济条件较好，中心还创新地将安置房的"择位权"作为分配安置的因素考量，最后不仅实现了公开公平地完成安置，还使村集体额外获得1800多万元的"择位"收益，为该村二期安置房建造提供了资金保障。

### 5. 推动土地流转，促进农业现代化

信息不对称是当前制约农村土地流转的主要瓶颈，永嘉县农村产权服务中心利用自身平台整合大数据的优势，免费为社会提供土地流转信息，推动了土地流转，多年来成功帮助流转了7954亩耕地、7111亩林地，促进了农业现代化。如今，耕地经营权的流转，促进了休闲观光农业、设施农业、精品农业等多种形式的农业适度规模经营，特别是推进了省级田园综合体创建试点建设；林地经营权的流转，则有力地推进了永嘉县作为省级森林休闲养生试点县的建设，实现了由以传统林业"砍卖树木"为产出向以现代休闲养生业"赏林木"为产出的转变。

### 6. 破解"三产安置房"难题，提升资源利用效率

对于村集体经济和被征地农民都是利好的"三产安置房"政策，由于村集体缺乏开发利用能力，反而成为当地的"烫手山芋"。永嘉县农村产权服务中心

全程代理服务后,推行"四统一"服务模式,即统一制定安置环节规范文本、统一竞价分配三产安置房的"房源+择位权"指标、统一颁发三产安置房的认购权证、统一管理每套安置房的认购档案,用专业的队伍进行策划、开发、运作。同时,积极与金融机构沟通,针对三产安置房开发了专门的"农信贷",实现了三产安置房与金融的嫁接,成功破解了长期困扰当地的三产安置房难题。截至2018年年底,农村产权服务中心代理了7个村20.2万㎡的三产安置房开发,从而使这些村停滞的三产安置房项目得以重新启动。

## 三、农村产权交易市场化运作的关键点分析

永嘉县农村产权交易改革探索,不仅解决了长期困扰农村产权交易中市场主体定位不清晰、市场交易主体参与动力不足等现实问题,而且开拓了农村产权潜在市场,实现了农村资产的保值升值,通过规范农村产权配置依据市场规则、市场价格、市场竞争,实现了效益最大化和效率最优化,充分证明了在农村产权交易中,同样要遵循市场经济规律,而引入社会资本的企业运作是实现市场在农村产权交易中决定性作用的有效路径。一方面,企业为了生存,不得不全力开发市场。例如,永嘉县在前期投入了大量人力财力开拓市场,走遍全县80%的村庄,对具有市场需求的村庄进行了摸底调查,尽可能全面了解县域农村交易的潜力与需求。另一方面,企业为了追求效益,存在追求产权交易利益最大化、资源配置效益最优化的本能动力。永嘉县通过县农村产权服务中心成功交易,实现村集体资产平均溢价率达26%,就是最好的佐证。但是,农村产权毕竟与一般商品交易对象存在很大的不同,其农村集体所有制的产权属性、资产空间分散、资源禀赋差异大等特征,对引入社会资本的市场化运作提出了特定的要求。通过对永嘉县农村产权交易改革进行剖析,可以发现,农村产权交易市场化运作应把握好几个关键点。

(一)政府扶持是农村产权交易市场化建设的基础保障

农村产权涉及的绝大多数是土地、房屋等不动产资产,其实质并不是实物交易,而是权益的转移,不仅政策性强,还具有涉及面广、敏感度高、影响面大等特征,在缺乏政府政策保障的前提下,各方都持谨慎态度。在永嘉县农村产权服务中心成立之初,县政府及相关部门并未出台相应的政策文件,中心工作的开展举步维艰,村集体存在种种顾虑,担心交易风险。而随着《永嘉县农村产权交易实施办法(试行)》等文件相继出台,在交易平台建设、交易范围与程序、争议处理、监督机构等方面作出了明确规定,同时政府把原来的政务

服务大厅，安排给永嘉县农村产权服务中心作为办公场所，进一步增强公众对永嘉县农村产权服务中心的信任度后，交易市场显著活跃起来。因此，政府的及时跟进，在农村产权交易规则、交易流程、产权使用政策、资产评估、合同鉴证、纠纷调解仲裁等方面作出明确规定，是确保农村产权交易规范运行必不可少的政府扶持。

（二）市场开拓是培育农村产权交易活力的关键抓手

市场活力是市场可持续健康发展的根本，农村产权交易市场的兴旺同样离不开市场活力，而市场活力取决于市场的开拓。鉴于农村产权这一交易对象的特殊性，如何不断创新开拓市场来培育市场活力是其核心所在。永嘉县农村产权服务中心在对标的资产进行充分调研的基础上，深入分析各种潜在市场的需求，找出影响产权市场价值的主要因素，并进行相应的包装、宣传，从而最大限度地开拓市场。留地安置处置业务开发也是永嘉县农村产权服务中心一个成功的市场开拓。留地安置本是各地在征地补偿安置中的一个创新，即政府在征收土地时，根据征收规模，按一定比例将部分农转用土地直接安排给被征地的农村集体经济组织或农民经营、使用，鼓励和扶持其兴办产业，为失地农民带来长期稳定的收益，从而解决其长远生计问题。但村集体由于缺乏开发利用安置用地的能力，在指标拼凑、项目报批、资金筹集、房屋分配、上市交易、资产经营等诸多方面遇到种种实际困难，留下了指标浪费、烂尾楼、开发品位低、经营失败等一系列后遗症，留地安置难以取得实效。永嘉县农村产权服务中心提供全程代理服务，量身定制开发方案，成功解决了留地安置的种种问题，取得了令各方满意的成效，既让老百姓受益，又发展壮大了集体经济。

（三）现代信息技术的应用是提升农村产权市场价值的重要手段

信息是影响市场效率的一个关键因素，对于分布广、信息细碎、资源禀赋差异大的农村产权，信息的重要性更加突显，而供需双方的信息不对称正是目前制约农村产权交易市场发育的一个主要因素。公开透明、真实完整的信息，不仅能最大限度地保证交易方在公开、公平、公正的阳光市场中进行交易，而且信息扩散可增加潜在交易方，使产权通过更加充分的竞争实现市场价值最大化，而现代信息技术为农村产权信息的公开与充分扩散提供了手段。永嘉县农村产权服务中心充分运用现代信息技术，通过线上线下的广泛宣传，借助互联网络进行公开竞拍，特别是成为全国首家入驻淘宝交易所版块的农村产权交易机构，实现了交易产权的市场价值最大化。

## 四、主要研究结论

完善产权制度和要素市场化配置是我国社会主义市场经济体制改革的一项重点内容，2019年中央一号文件也明确提出要"健全农村产权流转交易市场，推动农村各类产权流转交易公开规范运行"。永嘉县农村产权交易的改革对推进农村产权交易市场建设具有积极的参考价值。

一是引入社会资本的企业运作是实现市场在农村产权交易中决定性作用的有效路径。永嘉县农村产权交易改革最大的特点，就是引入了社会资本，以企业的市场化运作建设农村产权交易市场，充分发挥了民营经济的市场敏锐性、主观能动性和产品创造力，同时也减轻了当地的财政压力。

二是坚持"专业人做专业事"。农村产权交易不是简单的交易双方的谈判协商，而是涉及产权的确定、资产的评估、交易行为的规范、资产合理利用的后期监管等诸多内容，且专业性、政策性很强。永嘉县农村产权服务中心的运作之所以成功，一个很重要的经验就是，组建了由评估、拍卖、律师等相关专业人员组成的队伍，并延伸金融服务，实现了"专业人做专业事"。

三是完善的配套政策是基本保障。农村产权交易并不是实物交易，而是权益的转移，且交易对象分布广、信息细碎、资源禀赋差异大，并具有农村集体所有的制度属性，是相对复杂的标的物。同时，产权交易涉及面广、敏感度高、影响面大，离不开政府的支持，政府应制定完善的配套政策，在规范农村产权交易行为、强化企业自律的同时，也要支持企业获得足够的公信力。

### 参 考 文 献

[1] 叶兴庆，张云华，伍振军．农村产权流转交易市场：现状与问题［J］．中国农村金融，2015，(2)：35-39．

[2] 王德福．农村产权交易市场的运行困境与完善路径［J］．中州学刊，2015，(11)：49-53．

[3] 涂圣伟．新型城镇化建设背景下我国农村产权制度改革研究［J］．经济纵横，2017，(7)：40-46．

[4] 符刚，陈文宽，李思遥，等．推进我国农村资源产权市场化的困境与路径选择［J］．农业经济问题，2016，37(11)：14-23．

[5] 李雪松，李婷婷，张雨迪．中部地区农村产权交易平台交易指数的测算［J］．统计与决策，2017，(11)：101-104．

[6] 程欣炜，林乐芬．农村产权市场化创新机制效应分析——来自全国农村改革试验区东海农村产权交易所的实践模式［J］．华东经济管理，2014，28(9)：7-13．

[7] 徐元明，徐志明，蒋金泉．深化农村产权制度改革赋予农民更多财产权利［J］．现代经

济探讨，2015，(9)：52-56.
- [8] 卢新海，望萌．农用地流转的武汉模式研究——基于武汉农村综合产权交易所的启示 [J]．农林经济管理学报，2014，13 (3)：244-251.
- [9] 文枫，鲁春阳．现行土地产权制度下农村集体建设用地流转的实现路径——兼论重庆市农村土地交易市场的问题与对策 [J]．江苏农业科学，2016，44 (11)：513-516.
- [10] 李树超，丁慧媛．农村土地产权交易平台建设的必要性、问题及对策分析 [J]．江苏农业科学，2016，44 (2)：1-4.
- [11] 刘俊杰，张龙耀，吴比．农村产权制度改革的金融市场效应分析：武汉案例调查报告 [J]．经济体制改革，2015，(3)：82-87.
- [12] 蒋红军，肖滨．重构乡村治理创新的经济基础——广东农村产权改革的一个理论解释 [J]．四川大学学报（哲学社会科学版），2017，(4)：13-21.
- [13] 赵敏，陈延宏．辽宁省首家市级农村综合产权交易市场建设的探索与思考 [J]．农业经济，2017，(11)：122-124.
- [14] 范永俊．农村产权制度改革的德·索托效应研究——以武汉市黄陂区李集街为例 [J]．学海，2016，(6)：54-59.
- [15] 张树锋，安海燕．产权交易市场完善条件下的农地抵押贷款模式及效果研究——以嘉兴市海盐县为例 [J]．中国农业资源与区划，2016，37 (5)：135-142.

# 龙头企业与小农户命运共同体的构筑[*]

## ——基于绿能公司入驻乐安的案例分析

## 一、问题的提出

  我国是一个历史悠久、富有小农传统的农业大国，农业人口基数大，在未来的一段时期内，千千万万的小农户仍将是我国农业农村发展最重要的基础力量和国家繁荣稳定的重要基石[1]。然而，现阶段的小农户与传统小农经营不同，一是老龄化、兼业化现象明显，外出打工是家庭主要经济收入来源，形成了壮劳动力外出打工，留下老年人在家务农的现状；二是面对大生产、大物流、大市场的现代农业生产竞争环境，单打独斗的小农户表现出明显的市场竞争力弱势；三是由于外出打工存在较大的不确定性，对于暂时没有时间耕种的土地，农户也只是希望短期流转或临时代耕，以备随时返乡耕种，体现出农户的乡土情结；四是实际耕种面积不再只限于自家的承包地，有的农户只耕种用于解决自家口粮的少量耕地，有的农户以家族为单位为叔伯家一起代耕，有的农户通过少量耕地流转成为小型的种植专业户。针对小农户面临的种种现实挑战，国家出台了《关于促进小农户和现代农业发展有机衔接的意见》，强调要坚持小农户家庭经营为基础与多种形式适度规模经营为引领相协调，按照服务小农户、提高小农户、富裕小农户的要求，加快构建扶持小农户发展的政策体系，促进传统小农户向现代小农户转变，使小农户成为发展现代农业的积极参与者和直接受益者，并明确了建立健全社会化服务体系、提高小农户组织化程度、加强培训和科技推广服务等路径，其中发挥龙头企业对小农户的带动作用是一条重要的实施路径。

  龙头企业对小农户的带动作用得到学术界的广泛研究和认同，"企业+农户""企业+合作社+农户""公司+基地+农户""超市+龙头企业+农户"等带动模式及其实际效果也在实践中得到相应验证[2-4]，但是构建龙头企业与小农户协同关系也存在不少困境，特别是受到有限理性、信息不对称等多种因素的影响，龙头

---

  [*] 本文曾刊发于《中国软科学》2020年第5期，参加调研的还有廖彩荣、朱美英、张淑娴、张玉琴。

企业与小农户之间的关系异常复杂,具有不稳定性、不完全性等特征,存在履约障碍,甚至"敲竹杠"现象,部分农民的诚信问题也曾一度受到质疑[5,6]。为此,如何通过提高合约成效来解决合约不稳定的问题,曾成为龙头企业和小农户协同关系的研究重点,包括推行保证金制度[7]、强化确权[8]、运用补充与补偿手段[9]、加强关系嵌入与合约治理[10]、增强违约惩罚[11]。近年来,随着人们对小农经营价值的重新认识,通过提升生产服务来解决小农经营中生产要素缺失问题被视为探索小农农业现代化的一条实现路径,"土地托管"也逐渐成为龙头企业衔接小农户新的讨论热点,并在实践层面得到了应用,通过企业的规模化服务,促进了先进科技和机械化应用,降低了农资成本,在促进小农经营走向现代化方面表现出旺盛生命力[12,13]。但是,现阶段的农村都存在着自己不愿种地或不能种地、自己想种且有能力种、自己想种但没有能力种等多种异质性农户,单一的龙头企业与小农户合作模式已难以适应现实需求。同时,土地要素是维系企业与小农户关系的核心,而土地依然在一定程度上承担着农户的社会保障功能。另外,尽管依赖市场机制的利益合作是维系企业与小农户的核心关系,但经济利益并不是唯一的关系,农户在考虑经济收益的同时,还关注经营权的就业功能与养老的保障需求,甚至担心承包地经营权的失去。因此,企业与小农户之间的衔接并不是单纯的经济利益关系,而是一个融合经济、社会等各种因素的复杂关系,这客观上要求在企业包容性满足各类农户需求的基础上,企业与小农户形成相互信任、荣辱与共、利益攸关且相互支撑、相互依赖的命运共同体,而仅依靠稳定合约或单纯经济利益关联构建的新型农业经营主体与小农户协作关系,并不能形成"同甘苦、共患难"的命运共同体。

江西省乐安县引入江西省乐安绿能农业发展有限公司,构建了"政府引导、村组主导、农户自愿、企业对接;协同多样、保障多元、风险可控、利益共享"的协同机制,促进了龙头企业与小农户命运共同体的形成,在解决小农户分散经营外部性社会高成本、推动传统小农户向现代小农户转变方面取得明显成效。本文在分析龙头企业与小农户命运共同体基本特征的基础上,结合乐安"绿能"实践的剖析,总结归纳构筑龙头企业与小农户命运共同体的关键所在,进而为促进这一命运共同体的形成、增强龙头企业对小农户带动能力的政策制定提供参考。

## 二、龙头企业与小农户命运共同体的基本特征

命运共同体是当代共享经济发展理念的一个重要产物,是人们由于复杂的生存、竞争、环境等压力,而形成的相互需要与相互依赖的共同体[14]。把命运共

同体引入小农户和现代农业发展有机衔接之中，对认识小农户和现代农业经营主体的融合机制、实现路径具有积极的现实意义。

任何命运共同体的存在，都有其历史选择的必然性，因为在特定的发展阶段，人们只有以共同体的方式，通过共同行动才能实现共同利益，进而得以生存和发展。同样，龙头企业与小农户形成命运共同体，也是基于现阶段农村社会复杂环境与竞争压力的必然需求。

一方面，龙头企业为适应现代农业规模经营的发展潮流，要形成集中连片的耕地以实现机械化操作，通过统一规划、统一种植、统一管理，获取规模经营效益、增强市场竞争力。然而，我国实行的家庭联产承包责任制，耕地承包权分配给各家各户，且在承包地分配时因追求绝对公平，人为地加剧了承包地的细碎度。由于目前承包地仍然承担着一定的农户社会保障功能[15]，广大农户不愿意放弃耕地的承包权，即使经营权发生流转，大都希望随时收回经营权，希望流转期限要短并维持承包地的形状不变。另外，规模经营的实现也不是各农户经营权流转的简单累加[16]，因为必要的农田基础设施建设要涉及众多农户的承包地，而占用各家的耕地面积不尽相同，这些都需要龙头企业与众多农户沟通协商。

另一方面，广大小农户长期并大量存在是我国基本国情，也是我们发展农业、繁荣农村、巩固执政基础的依靠力量。然而，面对现代农业发展的历史潮流，单个小农户的诸多弱势日益突显，包括大型农业机械使用、先进农业技术应用、病虫害防控、农田基础设施维护等生产弱势，在良种、农药、化肥等农资市场和农产品市场中，与处于垄断地位的中间商和大商业资本博弈时的市场弱势，以及在规模化、产业化偏好下，地方政府将大量资源投放给现代农业经营主体的政策弱势，导致分散的小农户农业生产效率难以提高，"增产不增收"现象普遍[5]。因此，广大小农户存在与现代农业经营主体联盟的内在需求，以解决小农户一家一户干不了、干不好的事情，提高小农户生产的组织化程度，有效表达小农群体的合理诉求，从而增强市场谈判话语权。

龙头企业与小农户命运共同体并不只是单纯经济上的利益共同体，而是"荣辱与共、生死相依"的有机整体，一荣俱荣、一损俱损。除了经济利益的共利共享外，还要考虑耕地对小农户社会保障的功能需求，对维持农村社会的和谐稳定需求，客观上应形成多元主体和谐共处、利于社会发展进步的氛围，以及自觉维护和促进耕地资源的质量与生态保护，实现耕地资源的可持续利用，进而保障龙头企业与小农户命运共同体健康的发展。总体上看，龙头企业与小农户命运共同体具有以下基本特征。

### （一）龙头企业与小农户命运共同体的主体多元性

土地是维系龙头企业与小农户命运共同体的核心，而土地具有产权约束多、政策性强、社会关注度和敏感性高等特征，导致龙头企业与小农户的命运共同体，不是单纯的龙头企业与小农户两大主体间的关系，而是一个置身于乡村复杂网络中的系统工程，涉及当地政府、村集体，以及各种理事会等多个相关主体，也不是单纯的经济利益关系，还受到外部政策激励和习俗等非正式的社会关系影响，还要依赖于政府的政策和制度保障，以及村庄社会关系网络中所蕴含的丰富社会资本[10]。我国村庄具有鲜明的地域性和血缘关系特征[17]，传统的农业生产活动深嵌于村庄熟人社会之中，长期的生产生活互助使得农村社会中积累了丰富的社会资本。这些社会资本能够有效减少龙头企业与小农户协同成本，提升组织效率[18]。以土地流转集中经营为例，要把分散在众多农户手中的承包地集中在一起，并开展必要的农田基础设施建设，离不开政府的政策引导和村集体的组织协调。因此，在龙头企业与小农户命运共同体中，涉及的运行主体是多元性的，需要这些多元主体的紧密协同。

（二）龙头企业与小农户命运共同体的开放包容性

龙头企业与小农户命运共同体主要建立在承包地集中协同经营的基础之上，耕地集中规模经营的内在需求，导致龙头企业不能选择性地吸纳农户，而应对经营区域内的所有农户进行联盟，也应包括周边有协同意愿的农户，因此龙头企业与小农户命运共同体是一个开放的共同体。另外，任何命运共同体都需要一系列的制度、约定来维持共同体的秩序和活力，而相对灵活的制度可以同时满足各类群体的不同需要，并使命运共同体在总体上处于平衡、不冲突、相互和谐的状态，从而聚集更多的发展资源、激活命运共同体发展活力。同样，龙头企业与小农户命运共同体也需要相应的制度、约定把龙头企业与众多小农户连接成一个整体进而使其行动统一。改革之初，我国农户基本上是一个同质群体，但随着农村改革的深化和城乡经济社会的发展，农村人口的自由流动加快，农村劳动力持续向城镇转移，农户分化日益明显。不同类型的小农户参与现代农业融合的意愿、能力存在差异，表现出对龙头企业的协同需求也各不相同，因此针对众多小农户的异质性需求，客观上要求龙头企业与小农户命运共同体具有更高的包容性，龙头企业与小农户之间的协同路径更加灵活多样，内容更加丰富，这样才能保障命运共同体的生机与活力。

（三）龙头企业与小农户命运共同体的共治共享性

龙头企业与小农户命运共同体是基于风险社会压力下的利益共同体，共享发展理念是其形成的基石。小农户主要基于市场风险而选择与龙头企业结盟，而龙头企业主要基于规避土地等资源要素风险的考虑而与小农户结盟，双方互为需要、相互依存，并在应对各类具体风险与危机中，不断生成、不断转换，从生存共同体发展到命运共同体。因此，共同需要是龙头企业与小农户命运共同体的动力，共同治理是应对各类具体风险与危机的内在需求。这就是龙头企业与小农户命运共同体的共治共享性。一方面，充分调动龙头企业和众多小农户的主人翁精神，使其主动参与命运共同体的决策、运行与治理，激发其竞争意识和创新活力，进而提高其应对风险与危机的能力。实践证明，只有充分尊重广大农民的自主性、发挥农民的主体作用，农业生产经营才能形成发展活力[19]。另一方面，在共同建设的基础上共享发展成果，公平的利益分配机制至关重要，若发展收益过分偏向于企业或集中在少数农户身上，会影响全体成员的参与积极性，并造成共同体的利益普遍受损，进而威胁龙头企业与小农户命运共同体的健康可持续发展。

## 三、一个案例分析：乐安"绿能"实践

2017年，江西省绿能农业发展有限公司投资1.2亿元成立了江西省乐安绿能农业发展有限公司，新建现代化稻谷加工厂及仓储基地，并充分利用乐安良好的生态优势，对乐安大米进行绿色与有机认证、工商注册，在水稻统一生产经营与管理的基础上，统一加工、统一包装、统一品牌销售，创建乐安大米知名品牌，主打绿色生态品牌，全面提升乐安大米在大米市场的竞争力。为了确保企业入驻并顺利运行，绿能公司根据多年从事粮食规模化经营的教训与经验，在前期与农户、村集体、当地政府开展了充分的沟通与协调，构建了"政府引导、村组主导、农户自愿、企业对接；协同多样、保障多元、风险可控、利益共享"的协同机制，开启了构筑龙头企业与小农户命运共同体的乐安"绿能"模式探索（图1）。"政府引导、村组主导、农户自愿、企业对接"，就是明确各相关主体的角色定位，保障命运共同体的有序运行；"协同多样、保障多元、风险可控、利益共享"，就是构建清晰的命运共同体运行机制，实现命运共同体的共治共享。

2018年是命运共同体正式运行的第1年，共流转土地1.3万亩，托管土地2.0万亩，绿能公司与97户农户及9个合作社签订了订单合同。近2年的实践，基本形成了龙头企业与小农户的命运共同体，村民积极配合，村集体主动开展农田基础设施维护，以留住该企业。乐安"绿能"模式已在乐安当地引起了广泛的关注，也得到了社会各界的一致认可。2019年，命运共同体进一步壮大，共流转土地1.4万亩，托管土地3.0万亩，绿能公司与113户农户、11个合作社、1个家庭农场签订了订单合同。具体做法与成效可归纳为以下几点。

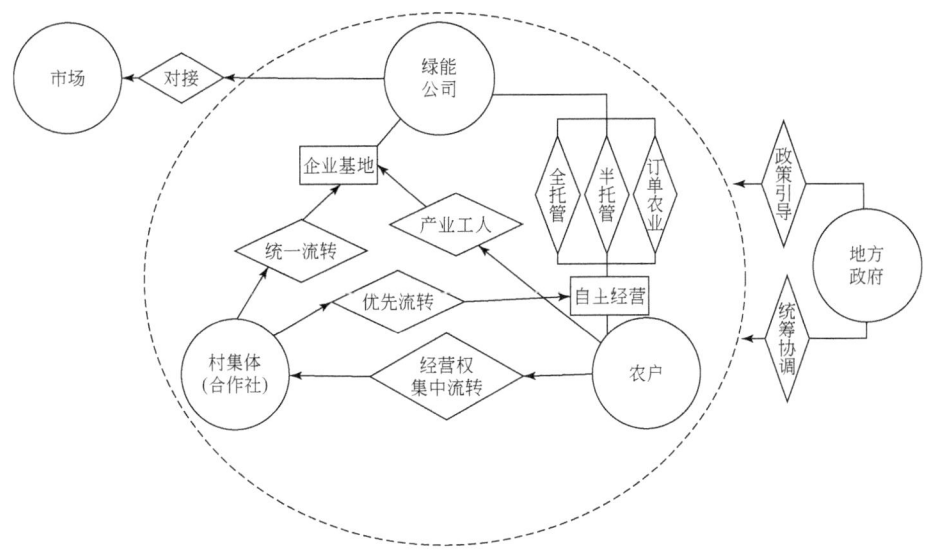

图 1　龙头企业与小农户命运共同体的乐安"绿能"模式示意图

**1. 以清晰定位保障生命共同体运行效率**

明确政府、村集体、企业、农户、合作社各主体的角色定位：当地政府主要负责协调解决企业入驻的相关问题，并通过政策引导，牵线搭桥，帮助农户、合作社与企业之间建立信任关系；村成立村合作社（与村委会两块牌子一套人马，村社合一），主要负责土地集中规模经营的地块调整，以及流转、托管土地中的各类矛盾调解，并与农户签订流转合同，每个村成立监事会，每个村小组成立由乡贤、老党员、老干部组成的理事会，对土地流转协调金的使用、农田基础设施的维护等事项的决策进行监管；农户可根据自身需求，自愿选择与企业协同的方式；企业通过流转集中实现企业基地生产，并为农户提供各类生产服务，在对接村民各类需求的同时，对接大市场。

**2. 以承包权和经营权的分离实现耕地经营的集中连片**

耕地的集中连片是现代农业生产的基本要求。为了解决农户承包地过于分散的现实问题，首先把全村的经营权统一流转给合作社，然后每年年初优先满足自己耕种的农户需求，当然农户自己耕种的耕地并不是自家的承包地，面积也不限于自家承包地的面积，而是合作社集中连片安排，再把剩余的耕地作为企业生产基地流转给绿能公司，合作社与企业签订的流转合同为三年一签，并留有一定的调整空间，以应对每年农户对自己耕种面积的需求的变化，但坚持位置相对固定、集中连片的基本原则，在空间上形成了相对稳定的企业生产基地和自己耕种耕地两类区域，两类区域面积的调整只是在两者交界处进行。这样，既相对灵活地满足了农户自身耕种需求，也满足了企业相对稳定的经营权，增加了企业持续投入的信心。

**3. 以多样协同形式激发命运共同体活力**

针对不同群体农户的各自需求，绿能公司提供了订单生产、流转、半托管、全托管等多种协同形式。订单生产农户（包括外出打工返乡人员）可优先从合作社获取区位条件好的耕地经营权，与企业签订收购合同；企业通过品种选择标准化、种植管理标准化、生产流程标准化，提供服务，并承诺以高于市场价格的10%收购稻谷。耕地流转农户可获取租金，若到企业务工可获取基础薪金和超产奖金，以及60元/亩的流转协调金，其中租金年初支付，消除流转户的风险顾虑。半托管农户的种植品种、田间管理和产品销售，由农户自主决定，企业以低于市场价格的30%提供各类服务。全托管农户则从购买种子、化肥、农药到机耕、机插、机收，从稻谷烘干到销售的产前、产中、产后都由企业提供全面的托管服务，但全托管农户需支付企业一定的托管费用。

**4. 以利益共享实现多主体共赢**

一是农户有了相对稳定的多种收入。耕地流转户除了租金和流转协调金收入外，还可以到企业参与管理，每个劳动力最多可管理150亩土地，企业按照20元/（亩·月）的标准计算工资（发放10个月），若夫妻两人管理300亩，基础年薪可达6万元。超产奖金是最关键的共享内容，超产稻谷按1.0元/斤[①]奖励，超产油菜按2.0元/斤奖励。公溪镇荷陂村村民罗某一家2017年耕种土地20亩，获粮食生产纯收入2.6万元，加上平时打零工收入2.0万元，收入共4.6万元；2018年夫妻二人在公司承担了100亩耕地的管理任务，负责看水、施肥、打药，年收入达到9.4万元，包括底薪2万元和超产奖金7.4万元。而托管农户可"降本增效"，公溪镇陈家村年余60岁的陈某，2018年经营了自家和叔伯家的21亩耕地，与绿能公司签订了托管协议，公司以每亩低于市场价25元、40元和10元的价格提供整地、收割和植保服务，陈某共节省了1575元的生产成本，加上公司高于市场价0.2元/斤的收购价，与2017年相比，陈某增收近万元。二是村集体经济有了稳定的收入来源。绿能公司每年支付100元/亩给村集体，用于相关协调工作的开展。例如，新居村2017年只有10万元转移支付的收入，全年运转下来还增加了村债务2万元；2018年，除了转移支付，新居村还获得了5万元的耕地流转工作费用，加上光伏产业扶贫收入4万元，村级财政得到很大的改

---

① 1斤=500g。

善,新居村将村小组长的津贴由 500 元/a 增加至 1200 元/a,还针对村民电动车多的现象,在村庄主要路段铺设了减速带,有效减少了交通事故。三是为企业的品牌经营提供了充足的原料来源。在当地政府的大力支持下,借助乐安良好的生态环境,绿能公司成功申报了"乐安山泉"大米品牌,并开发了系列大米产品,开创线上线下产品销售渠道,取得了良好的品牌效益,而且该公司通过订单生产、流转、半托管、全托管等多种协同形式,依靠统一的优质水稻种植生产管理,确保了大米精细加工的原料供应。

**5. 以先进科技增效促进耕地资源可持续利用**

绿能公司针对乐安的土壤环境与气候条件,积极吸纳先进农业科技,形成了统一的优质水稻种植生产管理模式,引进了优良品种——野香优莉丝,100%推行测土配方施肥技术和无人机生物药剂的统防统治病虫害技术,改"中稻+油菜"为"中稻+再生稻+油菜",推广早稻直播技术等。先进农业科技的推广应用增加了生产效益、降低了劳动强度。例如,同样是优质稻,野香优莉丝的市场价是1.55元/斤,而传统的泰优390是1.30元/斤;早稻直播每天可完成20亩播种面积,而传统的抛秧只可完成3~5亩播种面积。另外,测土配方施肥技术的推广,不仅节省了生产成本,更促进了耕地生态的恢复,有利于耕地资源的可持续利用。当地传统的施用习惯是每亩100斤复合肥(底肥)+7斤尿素+60斤复合肥(分蘖肥),而企业推行的施肥模式是每亩40斤配方复合肥(底肥)+20斤尿素+40斤配方复合肥(分蘖肥),每亩施肥总量减少了67斤,加上生物药剂的统防统治病虫害技术,耕地生态得到了恢复,泥鳅、黄鳝明显增多,甚至出现了多年不见的农田小鲫鱼。

## 四、主要结论

乐安"绿能"实践的成功,充分表明了构建龙头企业与小农户命运共同体是完全可行的。这一命运共同体的形成,既坚持了以家庭联产承包为主的责任制、统分结合的双层经营体制,也充分利用了现代企业的资金、技术、管理与市场开拓等优势,有效地降低了广大农户分散经营的外部性社会成本,推广了现代农业生产理念与技术,促进了传统小农户向现代小农户的转变,较好地破解了"让农民种粮容易,但让农民赚钱难"的难题,对防止耕地流转中的过度非粮化现象、确保国家粮食安全具有积极的现实意义。通过对乐安"绿能"实践的剖析,可以得出以下两个主要结论。

**(一)各主体角色定位明确是龙头企业与小农户命运共同体的核心**

构建角色定位明确的多主体协同机制是形成龙头企业与小农户命运共同体的

内在需求，相互信任且充分嵌融则是龙头企业与小农户命运共同体的生存基础。龙头企业与小农户命运共同体，涉及龙头企业、小农户、当地政府、村集体、合作社等多个相关主体，客观上需要构建起角色定位明确的多主体协同机制。

广大农户作为命运共同体中最大的一类群体，他们的自愿参与和积极作为关系着命运共同体的成败。为了吸引现代企业的入驻，一些地方曾有过违背农户意愿而"一刀切"的政府盲目强行推行耕地流转的深刻教训。充分尊重民意是农户自愿参与和积极作为的前提，而多样化的协同方式是吸引农户参与、获得广大农户支持的关键。这是因为，现阶段的小农户已不再是完全依赖耕地生存的传统农户，随着农户生计的分化，已经形成了以种田为主要收入的纯农户、"农忙在家务农、农闲外出打工"的兼业农户和常年在外打工的非农就业农户。不同类型农户对企业协同的需求不同，绿能公司正是针对不同农户差异化的现实需求，提供了订单生产、流转、半托管、全托管等多种协同方式，才得到了广大农户的广泛支持。

龙头企业作为命运共同体中的主心骨，善于经营是确保命运共同体生存的关键。赢利是企业的本能，也是企业生存的前提，更是维持龙头企业与小农户命运共同体的核心，企业赢利，才能通过共享机制将利益传导给广大农户和村集体，使农户增收、集体经济实力壮大。农产品既要产得好，更要卖得好，绿能公司之所以能在粮食生产难以赢利的背景下不断生存壮大，归功于企业精打细算的经营理念，注重每个环节的效益把控，包括以规范生产与管理确保产品质量、以规模生产降成本、以创建"凌继河""凌代表""乐安山泉"大米带来品牌效益、以碎米和米糠利用获取大米加工的赢利空间、开创线上线下产品销售渠道等。因此，各地在构建龙头企业与小农户命运共同体时，正确选择龙头企业非常重要。

在以耕地资源配置为核心内容的龙头企业与小农户命运共同体构建中，村集体组织作为我国农村土地所有权主体和村民自治组织，对与当地政府、龙头企业与广大农户等相关主体之间的沟通，具有天然的协调与组织优势。乐安县村社合一是一个成功的做法，既提升了合作社对众多农户的组织能力，也提高了企业与农户对接并提供集中服务的效率。合作社可依据《中华人民共和国农民专业合作社法》在耕地流转等具体事务上开展工作，也容易构建起农民与企业的信任关系，而村委在保障双方合作秩序、降低双方协同成本上具有得天独厚的优势，特别是耕地流转合同采取村民与合作社签订、合作社再与企业签订的形式，也增加了村委在耕地流转管理中的责任心。现实中，村委也切实在灌排水协调、农村道路维护和家禽家畜管理上发挥了重要作用。

地方政府则是要到位而不越位。农业经营表现出强烈的社会正外部性，离不开政府有力的支持。在某种角度看，现代农业龙头企业可成为国家农业政策的接应主体和具体执行代理人，这也是实现国家扶持与市场调节相互耦合的具体体现[20]。在推进乡村振兴战略中，面对小农户仍是未来相当长时期内一个农业经营主体的现实，加快促进广大小农户和现代农业发展有机衔接，是实现农村产业兴旺的一项基础性任务，国家必须进一步加大对包括龙头企业在内的现代农业经营主体的扶持力度，提升各类现代农业经营主体带动小农户的能力。首先，要进一步加大农田基础设施建设，提高高标准农田建设的实效。农业设施基础差仍然是制约农业现代化的最大"瓶颈"，2018 年以托管形式与绿能公司合作经营 1400 亩的种粮大户告诉我们，"为了保障灌溉，不得不拉上 1800m 的抽水管，没有机耕道，收获的稻谷需要肩扛手提"；绿能公司 2018 年一年因泥坑吞陷作业机器而产生的吊车使用费近 50 万元，对于绿能公司这样的粮食生产现代农业企业，应允许其根据生产需求先行投入农田基础设施建设，达到建设标准后，按国家投资额度给予奖励。其次，要帮助企业解决融资难问题，可探索以企业仓储粮食为抵押物的融资方式。最后，要在品牌创建上给予支持，绿能公司的负责人告诉课题组，没有当地政府的倾力支持，"乐安山泉"大米品牌是不可能获批的。

（二）相互信任且充分嵌融是龙头企业与小农户命运共同体的基础

古人云"上下同欲者胜，同舟共济者赢"，只要团结一心，有着共同的追求，互相合作，团队就能取得胜利，而相互信任是团结一心的基础，龙头企业如何获取广大农户的信任，是构建龙头企业与小农户命运共同体的基础。作为外来资本的企业，广大农户对其存在本能的担心，他们担心企业圈地、收不到租金、想种地的时候没地种，这也是企业直接与众多小农户进行耕地流转时，协商成本居高不下的主要原因，一些农户宁愿抛荒也不肯流转。要建立相互信任的关系，离不开政府和村集体组织的协调，更离不开共享互利的内在机制。乐安"绿能"模式构建的协同机制，隐含了很丰富的互信内容，既有政府、村集体的组织担保，也有租金提前支付的基本保障、超产奖金的利益共享、流转协调金的约束，以及企业投资 1.2 亿元建设的现代化稻谷加工厂及仓储基地的资产担保，还有村监事会和村小组理事会的监管护航。因此，要构建龙头企业与广大小农户的信任关系，不仅仅取决于龙头企业与广大小农户之间的沟通与协商，更取决于政府、村集体，以及类似于监事会、理事会的民间社会资源。

紧密的互嵌互融关系是维持龙头企业与小农户命运共同体中相关主体抱成一团形成合力的必备条件。从各相关主体之间的互嵌互融关系来看，经济利益关系无疑是最主要的关系。龙头企业与小农户命运共同体的形成就是基于经济上的互惠互利，企业为了赢利而选择与众多农户联盟，而广大农户为了获得更多的经济效益而选择与企业合作。但经济关系并不只是单纯的合约租金，还包括最低期望收入与激励收益，最低期望收入能有效降低协作风险，而激励收益可以激发农户主人翁行为。在乐安"绿能"模式中，农户流转租金就是最低期望收入，60元/亩流转协调金则是一种激励收益，激励每个农户积极支持龙头企业与小农户命运共同体健康运转，超产奖金则是务工农户的另一种激励收益，能让农户把公司的耕地当成自家的耕地经营，充分调动其工作积极性和责任心。但是，经济利益并不是龙头企业与小农户命运共同体中相关主体的唯一关系。由于各相关主体的角色定位不同，各自的需求与配合内容也不同，农户与农户、农户与合作社、农户与村委、村委与企业、企业与地方政府、村委与合作社、合作社与企业等不同主体之间利益关系的重点内容存在很大差别。例如，农村是一个传统的熟人社会，因此农户之间表现出典型的"羊群行为"，存在明显的从众心态，邻居间的行为相互影响很大，农户间的示范作用不容忽视；而农户与合作社之间的关系除了经济关联，还与合作社领头人的个人魅力相关；村委与农户之间则具有先天的组织关系，便于村委开展沟通工作；村委与企业之间，除了村委为企业提供相应服务外，企业也应为村委做出贡献；企业与地方政府之间，除了企业创造税收、促进当地经济发展外，政府还应为企业提供服务，创造良好的营商环境；村委与合作社则由于职能不同，在具体工作中能发挥出不同的作用；合作社与企业之间，除了经济利益关系外，合作社还要协助企业解决农户组织化问题。

## 参 考 文 献

[1] 张红宇. 大国小农：迈向现代化的历史抉择 [J]. 求索，2019，(1)：68-75.

[2] 郭斐然，孔凡丕. 农业企业与农民合作社联盟是实现小农户与现代农业衔接的有效途径 [J]. 农业经济问题，2018，(10)：46-49.

[3] 黄梦思，孙剑. 复合治理"挤出效应"对农产品营销渠道绩效的影响——以"农业龙头企业+农户"模式为例 [J]. 中国农村经济，2016，(4)：17-30.

[4] 叶敬忠，豆书龙，张明皓. 小农户和现代农业发展：如何有机衔接？[J]. 中国农村经济，2018，(11)：64-79.

[5] 陈航英. 小农户与现代农业发展有机衔接——基于组织化的小农户与具有社会基础的现代农业 [J]. 南京农业大学学报（社会科学版），2019，19（2）：10-19.

[6] 苏昕，张辉. 三方博弈视角下的农产品渠道关系治理研究 [J]. 农业技术经济，2017，(3)：42-52.

[7] 邓宏图，马太超. 农业合约中保证金的经济分析——一个调查研究 [J]. 中国农村观察，2019，(2)：2-17.

[8] 冯华超. 农地确权与农户农地转入合约偏好——基于三省五县调查数据的实证分析 [J]. 广东财经大学学报，2019，34（1）：69-79.

[9] 万江红，杨柳. 补充与补偿：以合约治理合约的双层机制——基于鄂中楚香家庭农场农业经营合约的分析 [J]. 中国农村观察，2018，(1)：53-69.

[10] 张建雷,席莹.关系嵌入与合约治理——理解小农户与新型农业经营主体关系的一个视角[J].南京农业大学学报(社会科学版),2019,19(2):1-9.

[11] 威廉姆森.治理机制[M].石烁,译.北京:机械工业出版社,2016.

[12] 曾红萍.托管经营:小农经营现代化的新走向[J].西北农林科技大学学报(社会科学版),2018,18(5):40-45.

[13] 陈义媛.土地托管的实践与组织困境:对农业社会化服务体系构建的思考[J].南京农业大学学报(社会科学版),2017,17(6):120-130.

[14] 陈忠.城市社会:文明多样性与命运共同体[J].中国社会科学,2017,(1):46-62.

[15] 陈美球,赖昭豪,刘桃菊.改革开放以来我国耕地利用变化及其展望[J].土壤通报,2019,50(2):497-504.

[16] 夏淑芳,陈美球.承包地经营权流转中市场与政府的协同:理论与实证[J].中国土地科学,2016,30(5):29-35.

[17] 陈美球,廖彩荣,刘桃菊.乡村振兴、集体经济组织与土地使用制度创新——基于江西黄溪村的实践分析[J].南京农业大学学报(社会科学版),2018,18(2):27-34.

[18] 苑鹏,丁忠兵.小农户与现代农业发展的衔接模式:重庆梁平例证[J].改革,2018,(6):106-114.

[19] 刘永生,王焕丽.新农村内生式发展中农民主体因素分析[J].人民论坛,2015,(14):172-174.

[20] 龚为纲,黄娜群.农业转型过程中的政府与市场——当代中国农业转型过程的动力机制分析[J].南京农业大学学报(社会科学版),2016,16(2):1-9.

# 资本下乡的成都福洪实践 *

乡村振兴是一个系统宏伟工程，需多主体参与、多要素推动。资金是乡村振兴的一个核心要素，在推进乡村振兴，特别是加速城乡融合，建立健全多元多要素保障体制机制中，应充分重视和积极发挥社会资本的作用，鼓励引导社会资本投向乡村振兴。《中共中央　国务院关于实施乡村振兴战略的意见》和《乡村振兴战略规划（2018—2022 年）》均提出要鼓励引导工商资本、鼓励社会各界参与农村振兴，并强调多措并举鼓励社会各界人士投身乡村建设，积极营造好营商环境、优化工商服务，让农业成为有奔头的产业。2020 年 4 月，农业农村部印发的《社会资本投资农业农村指引》也强调，社会资本投资农业农村是"实施乡村振兴战略的重要力量"，要求"充分发挥财政政策、产业政策的引导带动功能，不断调动强化社会资本投资农业农村的积极性、主动性，切实发挥好社会资本投资农业农村、服务乡村振兴战略实施的作用"。

福洪镇位于四川省成都市青白江区南部，距成都市区 26km，距青白江区政府所在地 24km。2011 年，为解决当地政府经济社会发展诸多"难题"，福洪镇政府引进成都和盛家园实业有限公司，引入企业资本参与镇域农业农村发展，企业资本通过投资参与该镇农地整理与农业开发项目，撬动镇域内人地关系重组，极大释放了农业生产力，加速了镇域内农村经济社会发展，不仅助力了该镇产业兴旺、生态宜居、乡风文明、治理有效和生活富裕，促进了该镇乡村振兴战略实施，让农业成为有奔头的产业，让农民成为有吸引力的职业，让农村成为安居乐业的美丽家园，还有力地回应了当下人们对资本下乡引发的诸多担忧，为研究提供了一个资本下乡参与乡村振兴的成功典型案例。

## 一、资本下乡参与乡村振兴的驱动机理

（一）政策和制度红利吸引，形成"政策制度–资本下乡"驱动

政策和制度创新为经济社会发展带来巨大红利，产生红利吸引。福洪镇所在

---

\* 本文的主要内容曾刊发于《农村经济管理学报》2020 年第 3 期，参加调研和撰写的还有廖彩荣、姚树荣。

的成都市，是全国统筹城乡综合配套改革试验区和第二批全国农村改革试验区，受益于成都市试验区的诸多改革红利，特别是市及所在辖区出台的系列关于集体建设用地使用权流转管理规定、农村土地综合整治项目实施办法以及农业产业发展规划等带来的红利吸引，福洪镇引入的下乡资本得以并积极投资参与土地规划整理、农业开发等项目。特别是农村土地集约、节约利用获取集体建设用地指标转移的特殊政策，一方面，这一政策为该镇农业农村发展提供土地要素，一定程度上破解了乡村振兴需要土地、资金要素的难题；另一方面，下乡资本从这一政策中也获利不少，实现下乡资本保值增值。据统计，自该镇2012年规模引进企业社会资本参与农业农村发展至2018年，农村土地已集约、节约出1646亩宅基地支持城市或镇域发展，占该镇农村宅基地面积26%，节约出来的土地转变成集体经营性建设用地，吸引17家企业进驻，为企业带来丰厚利润回报。不难发现，该镇下乡资本看中的，正是成都市作为改革试验区所带来的政策与制度红利，特别是土地利益的诱惑，从而形成了"政策制度–资本下乡"驱动。在这一驱动中，政策和制度的红利吸引，驱使资本积极下乡参与农业农村发展；下乡资本自身也通过参与农业农村发展，获得利润，实现资本扩张和利润追求，有力促进了乡村振兴。

（二）基层政府考核压力传导，形成"政府绩效–资本下乡"驱动

受制于上级政府的"压力传导"和"锦标赛"等机制，特别是新时期"新型城镇化建设""全面建成小康社会""精准扶贫"，以及乡村振兴战略等任务层层下放，对于基层政府绩效考核"德、能、勤、绩、廉"五个方面，"能和绩"更需要用数据和成效说话。发展乡村经济，治理好乡村社会，带领基层群众脱贫致富奔小康，成为摆在基层政府面前的关键任务。2005年，福洪镇撤村并组时，城镇化率只有2%，作为一个纯农业乡镇，全镇没有独特的资源条件，没有支柱产业，同时，基础设施欠账较多、乡镇建设滞后、群众生活困苦，农民人均纯收入仅4216元，在2011年，也只有7418元，远低于成都市同期平均的9895元；同时，该镇位于成都偏远郊区，属于"三角"地带，人员流动频繁，结构复杂，基层社会治安和综合治理压力大。很长一段时间以来，当地政府经济社会发展压力巨大，特别是带领当地百姓，找到一条符合本地的科学发展之路，成为摆在镇政府面前的"难题"。2012年，该镇转变发展思路，与成都和盛家园实业有限公司达成战略合作，引入社会资本3.1亿元，参与镇域内农业农村发展。在基层政府考核压力传导下，该镇求变求强，引入企业资本，参与该镇农业农村发展，形成了"政府绩效–资本下乡"驱动。在这驱动中，权力自上而下的考核压力和基层群众渴望发展由下而上的压力，促成了基层权力的政策调整和投资吸引。在利

益面前，资本选择下乡，追逐产生了资本价值，撬动人地关系重组，快速调整和重新分配了不适应生产力的人地关系，短期内极大促进了该镇农业生产力发展，形成由资本下乡带动人地重组，"人-地-钱"要素充分流动的局面，有力助推了该镇农业产业兴旺发展、农民增收致富和农村有效治理，一定程度上实现了政府管理绩效提升和资本下乡产生利润的双赢。

（三）农民财产权利让渡，形成"农民权利-资本下乡"驱动

包括土地承包经营权、宅基地使用权、集体收益分配权等在内的农民财产权益，是法律赋予农民的财产权利，也是农民权益的重要保障。在合法自愿的基础上，福洪镇鼓励和组织农民，有条件地将自己宅基地和农用地等的土地财产权利让渡出来，依靠合作社或集体村社等组织力量，与下乡资本达成土地权利转让协议，形成"农民权利-资本下乡"驱动。在这驱动中，下乡资本支付对价，将获得的土地，一部分用于乡镇建设与发展，引进了20多家无污染手工加工等劳动密集型企业；一部分用于土地建设样板项目，搭建起园区平台进行招商；一部分用于农业产业发展，借助农用地规模流转，重点发展第一产业和第三产业融合的现代都市农旅项目。通过土地流转，下乡资本目前建成了2000亩特色产业标准化种植基地，1000亩玫瑰标准化示范园区和3500亩杏花农业科技观光园等农业项目。农民自己从土地财产权利让渡中，获得了资本下乡带来的利好，如将土地承包经营权入股合作社、将收益入股工商资本，实现了分红；农村也通过土地整理与基础设施建设，极大改善和提升了农村"生产生活生态"环境，极大助推了生态宜居和农民富裕。

（四）政府部分管理职能市场转移，形成"职能转移-资本下乡"驱动

为推进政府职能转变，发挥好市场在资源配置中的决定性作用，应允许政府以购买服务的方式，将教育、就业、社保、医疗卫生、住房保障、文化体育及残疾人服务等公共服务进行市场转移。在福洪镇实践中，随着下乡资本不断嵌入社会治理，下乡资本凸显出一定社会公益性，形成"职能转移-资本下乡"驱动。该镇通过简政放权，抓大放小，让市场发挥决定性作用，鼓励下乡资本参与部分社会治理，承担了一定社会公益职能。例如，发起成立商会组织，组织协调乡镇投资企业参与地方建设；开展扶贫送温暖活动，支持当地扶贫事业等；当好调解员，协调处理土地流转难题；发挥好乡贤作用，积极维护地方社会和谐。在这驱动中，政府通过购买服务的方式，支持下乡资本进入乡村生活性服务业，将基层政府的部分管理职能，以市场购买的形式实现转移，一定程度上优化了基层政府职能配置，提升了社会管理能力，也让下乡资本在参与社会治理过程中，获得更

多信任和实在的利益。

考察该镇实践,从资本下乡参与动机来看,资本下乡追逐的正是该镇作为试验区独有的政策和制度红利。政策红利吸引、基层政府考核压力传导、农民财产权利让渡、政府部分管理职能市场转移等多个因素的综合驱动,促成了资本下乡。从资本下乡参与的效果来看,下乡资本在参与过程中,获取期望利润,实现资本保值增值,同时也有效促进了该镇乡村振兴战略的实施,实现了下乡资本和乡村振兴的可持续双赢。

## 二、资本下乡成都福洪实践的启示

### (一) 立足"农"本,实现专业的人做专业的事

乡村振兴中,防止资本下乡跑马圈地、改变土地利用用途、套取国家支农资金等乱象,须围绕"农"字做文章,立"农"基,做"农"事,谋"农"利;同时,为促进资本下乡的有效经营和实现可持续发展,需对资本下乡的主体实行门槛准入,让懂农业、爱农民、爱农村、会经营的资本主体下乡,实现专业的人做专业的事。福洪镇引入的下乡资本,是一家2003年就开始且一直未中断从事农业开发和农业经营的公司,该公司长期致力于农地整理与农地开发,其资信和业绩得到业界和社会良好评价;公司的负责人也是一位具有农业情怀、多年从事农业开发和农业经营的企业家;其旗下团队也是一批懂农业会经营的专业队伍。自参与该镇农业农村发展以来,该公司紧紧围绕农业产业兴旺、农村社会治理、促进农民增收等来进行土地项目开发整理,产生良好的经济社会效益,有力助推了该镇乡村振兴。例如,在产业发展方面,下乡资本就从尊重该镇农业传统和发挥农业优势出发,通过整合与创新,在土地流转基础上,大力发展农业主导产业、文旅产业,同时植入第二产业和第三产业,加速三次产业融合,促进该镇农业产业结构转型升级,极大发展了农业农村生产力。在引入资本的五年后,2016年,全镇实现GDP 4.76亿元,农民人均可支配收入20 732元,年均增长18.86%。资本下乡推动当地经济社会发展,促进农民增收致富效果显著。

### (二) 产业支撑,促进下乡资本保值增值

产业是乡村振兴的基础,产业兴则乡村兴,资本下乡,追求资本的保值增值。下乡资本须有产业支撑,通过产业发展兴旺促进下乡资本增值升值。一方面,在考虑农业产业发展实际基础上,福洪镇通过政策吸引产业发展所需资金,发展乡村产业,壮大新业态新产业,以土地规模化经营、产业标准化生产、"接

二连三"延伸产业链条为方向,推进农村土地所有权、承包权、经营权"三权分置",健全完善新型农业经营体系,创新模式,调整优化产业结构,让下乡资本有产业支撑;另一方面,通过大力发展产业,下乡资本在保值增值中实现了可持续发展。该镇依托土地综合整治节约集约的集体建设用地,特别是在新乡镇规划建设中,以"前店后厂"为特征的农副产品、旅游商品加工特色街布局,吸引了10余家小微企业入驻,吸纳了1000余名年龄偏大、文化不高、技能偏弱的农村富余劳动力就业,补齐了纯农乡镇"接二"不足的短板。同时,依托客家杏花村国家AAA级旅游景区,大力发展农旅项目,与网络电商达成营销合作,提升乡村旅游知名度、美誉度。该镇因地制宜的产业布局,与时俱进的产业转型升级,"接二连三"的产业融合,不断做优做强的产业发展,让下乡资本有了产业支撑,促进了资本的保值增值,实现了可持续发展。

(三)坚持土地制度创新,不断为下乡资本提供红利吸引

实施乡村振兴战略,需大力推进体制机制创新,把制度建设贯穿其中,强化制度供给。土地是农业最基本的生产要素,是农村最宝贵的发展资本、农民最根本的生存资源,农村土地制度是乡村振兴最重要的一个支撑制度。资本下乡,要坚持土地制度创新,不断为下乡资本提供红利吸引。深化农村土地制度改革,关键是要处理好农民和土地的关系。该镇以统筹城乡综合配套改革试验区和第二批全国农村改革试验区特殊改革试验制度获得土地制度改革红利,通过政策创设和制度创新,促进人地关系重组,将原先不适应生产力发展的人地生产关系进行调整、重新分配。

(四)做好利益联结,求得多元利益最大公约数

由于下乡资本的不断嵌入,政府、村集体、合作社、农民、企业相互之间的关系图谱发生重塑和治理结构裂变,形成多元利益格局,其间既相互关联也相互博弈。资本下乡可延长产业链、提升价值链、重组供应链,这既需要各方基于信任基础上的利益关系支撑,也需要通过农民再组织化实现政府与市场对接。该镇引入下乡资本以来,效果显著,特别是近几年来,该镇获评成都市农业供给侧结构性改革示范样板,该镇"土地综合整治推进产城融合"的经验做法纳入《国家新型城镇化报告2018》并全国推广,还成为成都市统筹城乡综合改革示范片和改革先锋培育工程十大示范点位、被确定为"全市十个优先支持发展特色镇""全市改革先锋培育工程十大示范点位",是四川省"十三五"重点支持发展的特色小城镇之一。该镇资本下乡,建立起与农民共建共治共享机制,构建了政府、村集体、合作社、农民、企业之间的合作信任关系,实现风险与收益共担,

平衡了各方利益，实现了各主体最大利益，求得了利益最大公约数，实现了下乡资本可持续发展。

该镇资本下乡参与乡村振兴的关键路径表明，推动资本下乡，实现下乡资本可持续发展，关键在于让下乡资本立足农本、寻找产业支撑、让专业人专攻农事和实现维护好多元主体利益；同样，路径折射出的是鼓励和支持工商资本下乡的问题。然而，不容忽视的是，资本追逐利益第一，谋求利益最大化是其本质属性，资本下乡容易导致非农化、非粮化，进而危及国家粮食安全问题，损害农民合法利益和不利于农村经济社会发展等，这需做好资本下乡参与乡村振兴的风险防控。

（五）强化过程监督和风控管理，提高基层政府治理能力

由于经济社会发展和政绩考核需要，地方政府往往容易采取一些短平快的政策措施，以期快速促进经济社会发展，满足于政绩考核需要。就资本下乡而言，政府利用公权力制定政策措施吸引资本下乡，形成"权力-资本"关系，在这过程中，基层政府容易忽视对资本下乡的资格审查，也容易缺乏对资本下乡过程的监督，从而导致下乡资本风险的发生。为缓解全镇经济社会发展压力，该镇通过顶层设计，对下乡资本进行精挑细选、优中选优：一是加强对下乡资本的资格审查，甄别下乡资本的发展动机、资质、性质、属性以及企业的发展水平和营利能力等；二是加强对其过程监管，加强对资金来源及使用、农业发展规划及运作现状等的全程监控；三是加强风险防范，通过明晰产权制度，划定资本和农民产权边界，确定责权利关系，使资本下乡负外部性内部化；四是建立风险保证金制度，即强制下乡资本在门槛准入时缴纳一定比例的金额作为企业发生经营风险和危机时的保证金，从而防止农民利益受损。该镇较好地实现了下乡资本过程监督和风控管理，从而避免了"政府权力-下乡资本"的关系错位和风险发生。

（六）坚持农民主体地位，优先保障农民权利

资本下乡为乡村振兴提供重要动力的同时，也对乡村治理体系提出挑战。基层政府引入社会资本下乡，初衷是有效弥补当地"三农"发展资金短板，加速农业农村现代化。在这过程中，基层政府一头连着资本，一头连着农民，形成"农民个体-基层政府-资本下乡"关系主体，在资本强大渗透博弈中，特别是在乡村治理能力弱化的地区，资本下乡极容易形成资本控制，从而嵌入乡村治理机构内部，形成资本对乡村社会的控制，在"权力-资本"利益共同体下，基层政府与下乡资本容易形成利益同盟，孤立农民利益，使得农民和村集体面临多重风险。该镇在引入社会资本过程中，成立了代表农民利益的与社会资本对话的合作

社（村集体/小组），从而形成了"农民-合作社（村集体/小组）-社会资本"话语格局，合作社等组织的成立，提高了谈判和议价能力，维护了农民和集体利益。考察该镇，该镇下乡资本主体一开始就尊重农民主体利益，所有企业项目优先保障了当地农民的土地权利、股份权利、劳动权利等权利。例如，农民搬迁安置补助补偿政策，在保证人均 $30m^2$ 住房建筑面积+$5m^2$ 生产用房建筑面积的基础上，提供了本村统规统建、一级本村统规和自建三种方式供村民选择，同时农民可自营餐饮、娱乐、小卖铺，受聘到酒店、农家乐、农业种养殖企业获利。下乡资本也通过尊重保障农民利益获得农民信任，实现了下乡资本的可持续发展。

（七）构建公平竞争的市场环境，保障下乡资本的效益产出

资本下乡，看重下乡后对资本的保值增值。资本下乡自身发展也存在种粮不赚钱的矛盾、损害农民利益的指责与实际利益受损的矛盾、圈地套取财政补贴的嫌疑与陷入"补贴陷阱"的矛盾。实现资本下乡可持续发展，关键要界定和厘清政府与市场关系，从规范地方政府行为出发，积极培育市场主体，为下乡资本营造良好市场环境。资本有追求利益最大化的特点和履行一定社会功能的作用，如资本逐利与发挥社会功能无法统一时，或在农村产权残缺制度中，企业往往容易把风险转嫁给农民和农村。下乡资本要发展壮大，须通过获利和营利来实现，而公平竞争的市场环境是重要保障。该镇通过出台系列政策措施或制度安排，打造公平、平等竞争的市场环境，支持、鼓励和保障企业的市场地位和合法经营，实现多赢。

（八）构建共建共享共创机制，确保基于信任关系的利益稳定

资本下乡，涉及基层政府、资本方、农民、合作社、企业主等多主体，涵盖政治、经济、社会、文化、生态多利益，形成"信任-利益"关系结构，为确保各方基于信任关系的利益长久稳定，须构建共建共享共创机制。该镇所引入的下乡资本和基层政府治理一道，通过强化群众主体地位，以共建共享推动农村治理方式转变，促进基层治理转型升级，确保多元主体利益长久稳定。在确保以社会稳定和谐、群众安居乐业为追求，注重完善镇村公共服务、社会管理设施多元供给、标准配置的同时，该镇突出以"四自"管理促进传统农村快速向城镇社区转变，让"农村人"快速向"城里人"转型。主要措施一是"村规民约"强化自我教育。采取划分网格议事单元、评议事项公开反馈等方式，引导居民充分讨论、民主议定"居民自治章程""社区公约""居民文明公约""法治公约"，完善民主自治规则。二是"多元议事"强化自我管理。严格执行社区事务意见征求和代表听证制度，把事项公示、电话访谈、入户采集和问卷调查等结合起来，

改变过去"议事靠开会,开会只举手"的状况。三是"多方参与"强化自我服务。坚持把院落自治与推行专业化非营利物业管理紧密结合,逐步实现物业费"不愿缴"向"主动缴"的转变。四是"四级决策"强化自我监督。加强以居民大会、居民代表会、议事会、重大资金听证会为主要形式的民主管理制度,切实做到"一事一议"。创新建立居民征询机制,定期邀请各个年龄段、各居住区域居民座谈,主动听取居民对社区事务的思路和建议,把居民想法直接转化为社区做法。该镇通过构建共建共享共创机制,确保了基于信任关系的利益稳定。

# 以土地空间重构拓展乡村振兴新空间*

## ——浙江全域土地综合整治与生态修复的实践及其启示

2018年，浙江启动了全域土地综合整治与生态修复工程，通过全要素综合整治"山水林田湖草村"，全域优化农村生态、生产、生活空间布局，着力打造"千村示范、万村整治"工程升级版。通过资料查阅、实地考察和座谈会等形式，对浙江进行专题调研，调研发现，全域土地综合整治与生态修复在破解"耕地保护碎片化、村庄用地无序化、农村发展低散弱"等难题上表现出强大的生命力，为以土地空间重构拓展乡村振兴新空间提供了诸多启示。

## 一、浙江全域土地综合整治与生态修复的实践探索

2018年10月，浙江发布了《全域土地综合整治与生态修复工程三年行动计划（2018-2020年）》，明确到2020年全省将实施乡村全域土地综合整治与生态修复工程项目500个以上，覆盖300个乡镇、2000个行政村，要求在编制村土地利用规划的基础上，全域统筹开展农用地综合整治、低效利用建设用地整治和生态环境整治修复。浙江各地根据《全域土地综合整治与生态修复工程三年行动计划（2018-2020年）》，积极展开了全域土地综合整治与生态修复工作。

（一）强化统筹的制度保障

一是规划先行。按照"全域规划、全域设计、全域整治"的"域"的理念，重点落实"缩减自然村、拆除空心村、改造城中村、搬迁高山村、保护文化村、培育中心村"的要求，优化村庄布局，编制1:2000的村庄规划，实现多规融合。二是实现资金统筹。各级财政按照"渠道不乱、用途不变、统筹安排、各计其功"原则，整合土地整治、农村人居环境提升、农村公路建设、农业综合开发、农田水利、危旧房改造、平原绿化、电力、通信、燃气等相关涉农项目和资

---

\* 本文的主要内容曾刊发于《专报》2020年第12期，参加调研的还有高骅、钟海燕、邓青云、涂丹、黄唱。

金，发挥资金综合效益。三是强化区域土地利用、开发、保护与修复的统筹监管。充分利用自然资源"一张图"基础系统和卫星遥感监测等各类监管手段，对工程实施情况进行全程监管，确保工程按规划设计进行。

（二）因地制宜推进"1+N"

鼓励各地各项目区针对自身情况，确定全域土地综合整治与生态修复的重点内容与任务，因地制宜地解决制约当地乡村振兴的突出问题。例如，拥有"近郊贴城"区位优势和底蕴深厚的良渚文化的位于余杭区的良渚新城项目区，以统筹农田垦造、水系梳理、景观提升、散落村居撤并、保留村庄建筑改造为重点，以水环境治理、公共滨水景观建设为主的生态基础设施与以田园景观为载体的发展空间留白相结合，打造宜居、宜业、宜游的综合性农业公园，改善和提升区域公共环境，带动远期城市空间的优化发展。温岭市横峰大道两侧14个村的全域整治项目，则针对区域内家庭生产、手工作坊多，居产混合、安全隐患严重，路网不畅、断头路多，耕地及永久基本农田分布零碎等突出问题，明确全域整治的重点是重建重构，打通路网脉络、融入主城区，实现"民房同企业分离、生活同生产分离"，耕地及永久基本农田集中连片。而海岛城市玉环县，则把老旧工业点改造作为全域整治的重中之重，核心是对老旧工业点进行改造，具体体现在置换政策和整治模式上，按照"区块内等价值同面积置换方式"，在扣除7%非生产性用地后，改造后的厂房面积置换给原合法企业，并采取滚动开发，错开整治时序，实现企业平稳过渡。地处杭嘉湖平原的海宁市，其全域整治的重点任务是推进农房大集聚，聚出万亩连片"高标田"，发展"精致、高效、生态、集约"的都市型现代农业。

（三）创新政策激发地方动力

一是实行新增建设用地计划指标奖励。允许当地把不超过建设用地复垦面积的20%作为新增建设用地预留指标，用于农村基础设施和新业态新产业发展用地。二是创新永久基本农田动态调优机制。允许将永久基本农田现状周边的农用地、零散耕地和零星建设用地复垦后纳入永久基本农田整备区，逐步形成与永久基本农田连通连片、设施完善、质量相当的优质耕地，并通过数据库年度更新，与零星永久基本农田调整相挂钩。三是完善城乡建设用地"增减挂钩"政策。在确保县域内耕地数量和质量平衡的前提下，项目区城乡建设用地"增减挂钩"节余指标可在全省范围内调剂使用，收益用于支持乡村振兴战略实施。四是允许地方创新土地使用制度。例如，台州市明确可打破行政边界，跨村、跨乡镇（街道）乃至在全县域范围内进行整体谋划，促进资源要素在更大空间范围内流动。

温岭市在横峰大道两侧14个村的全域整治项目中，就打破村界，按照整村改造、公寓安置、公建配建、公益保障、居产结合的原则进行安置；而在大溪镇全域整治中，则创新"飞地"安置模式，全镇集中建设飞地小微园区，将各村无法就地利用的零星拆后土地，通过复垦，盘活指标落入泵业工业园区。杭州市双浦镇通过综合整治，推广落实了"田长制"，完善耕地保护补偿机制，确保农村集体经济组织和农户从中获益。

（四）充分发挥村民的主体作用

一是健全公众参与机制。各地从村庄规划的编制、整治重要内容的确定、拆迁安置方案的制定，到整治工程的开展，都充分征求广大村民的意见与诉求。例如，温岭市横峰大道两侧14个村的全域整治项目在规划之时，村民能理解打通路网脉络融入主城区，以及实现产居分离的重要性，但担心生产用房难以保障而影响生计。为此，政府制定了"3：2"的住宅结合厂房的双重安置方案，对合法面积实行"拆一安一"，其中住宅安置按《温岭市中心城区城中村改造公寓式安置实施方案的通知（试行）》等有关政策，提供多种产权置换方式供村民选择，厂房则在工业安置园区集中安置。二是发挥村集体组织的作用。每个村民基于自身需求有各自的诉求，且相互之间往往存在一定的冲突，如农户的住房需求，就有改善型、经营型和危困型（危房户和困难户）的不同诉求，这就需要沟通，而村两委和各类村民理事会等村组织在这方面拥有得天独厚的优势，尤其是村两委，其既是村民自己选举的组织，也是与上级政府沟通的桥梁，其民主协商的组织能力很强。实践也证明，全域整治取得成效的村庄，都有一个强有力的村集体领导班子和一个好的村支部书记。三是增强村民的获得感。全域整治必定涉及现有的利益格局，甚至可能会让少数村民的利益受损，而增强整治后的获得感、提高生活幸福感是弥补村民利益受损、赢得广大村民积极支持的关键。例如，温岭市横峰大道两侧14个村的全域整治项目，在核算安置有效人口基数时，引入了"未来有效人口"概念，即家中有22岁以上的未婚男性、新婚夫妻尚未生育，以及纯女户家庭，均可增加一个安置人口基数，同时，政府统一按5500元/m²和2500元/m²的单价回购商品安置住房和厂房，然后以4000元/m²和1200元/m²的单价出让给村民和村集体经济组织（被安置村民按安置厂房面积入股分红），村民得到了实实在在的实惠，14个村5892户的一次性拆迁安置签约率就达到98.8%。

## 二、浙江全域土地综合整治与生态修复的主要成效

截至2019年年底，浙江省已启动实施了150个工程项目区，共整并零星耕

地 1598 块、复垦零星建设用地 1329 块，新增万亩方、千亩方、百亩方的集中连片耕地超过 2000 处；可盘活农村闲置存量建设用地 1.68 万亩，安排农民建房用地 1 万亩，解决配套基础设施、公共设施、农村新业态新产业用地 1 万亩，在"一揽子"解决乡村发展问题，实现空间形态、产业发展、生态环境、人居环境、基础设施、乡风文明、乡村治理的系统性重塑等方面取得了明显成效。

（一）优化了全域农村土地布局，提高了农村土地利用效率

通过推进零星地块整并和空间置换腾挪，乡村用地结构与空间格局得到优化，有效地解决了农村用地结构散乱和土地利用粗放的现实问题。例如，杭州市西湖区双浦镇，统筹推进"拆违控违"、治水"剿劣"、田园清洁、矿山治理、土地流转、发展现代农业等行动，彻底改变了村庄用地无序化，特别是违建房屋出租混乱，加工、销售和住宿"三合一"的现象。整治后耕地块数从 677 块降至 170 块，平均单块面积从 26 亩增加到 194 亩；农村建设用地块数从 525 块降至 86 块，平均单块面积从 36 亩增加到 88 亩；农村建设用地面积减少 267 亩，人均建设用地面积从 194$m^2$ 降至 122$m^2$，新增水田 1283 亩。温岭市横峰大道两侧 14 个村的全域整治项目按照"减量、集聚、整合、提升"的思路开展，复垦产生流量建设用地 1300 亩，并用于住宅安置区、工业安置区的集中建设，人均村庄建设用地面积从 86$m^2$ 降到 51$m^2$，村庄用地平均容积率从 0.72 提高到 2.65，区耕地内部非耕地零星图斑数减少 1321 个，完善了基础设施配置，优化了永久基本农田布局，形成了农田连片与村庄集聚的土地保护新格局。平湖市广陈镇龙萌村通过全域整治，建成高标准农田 427 亩、永久基本农田整备区 153 亩，新增耕地 132 亩，耕地地块平均面积由整治前的 9.15 亩上升到 13.95 亩。海宁市丁桥镇保胜村按照"优化、集聚、减量"原则，加强耕地碎片化整治，推进项目区村庄撤并和搬迁安置，村庄建设用地面积由 685 亩下降到 494 亩，复垦产生的 191 亩流量建设用地保障了美丽乡村建设需求。台州市天台县金顺村则依托全域整治项目，利用复垦产生建设用地指标及优惠政策，成功解决了多年以来的移民扶贫问题。

（二）促进了产业的转型升级，为乡村经济注入了新动力

耕地集中连片的高标准建设，既提升了耕地质量，也为适度规模经营创新了条件，而企业向工业园区的聚集，带动了产业的转型升级，提升了企业的市场竞争力。初步统计，全省项目区内共新增土地流转面积 27 万亩，引入农业企业、种植大户 250 多家，发展新业态新产业项目 70 多个，拉动投资超过 150 亿元。例如，湖州市吴兴区通过八里店镇南部片区全域整治，在新建 6 个农民社区 1575

亩、完成复垦面积1153亩的基础上，集中连片建成了1.02万亩的功能稻谷产业园、5500亩的特种水产养殖园和9000亩瓜果蔬菜产业园，实现了传统农业向现代农业的转型升级。湖州市南浔区旧馆镇北港村借力全域整治，对19家低、小、散企业用地进行了复垦，新增了200多亩地，流转给了种粮大户，村民出租1亩地每年可增收1000多元，同时集中建设了总用地140亩的小微企业创业创新园，引进了电商等新兴产业。京杭古运河河畔的息塘古村把一片凌乱荒芜地整治成"采菊东篱"景区，景区由杭州客商投资，村经济合作社用土地入股，年吸引游客30余万人，带动村里增收200多万元，村民足不出村就吃上了乡村旅游饭。温岭市横峰大道两侧14个村的全域整治项目规划工业安置田区1100亩，建筑面积约120万m$^2$，通过打造产业集聚区，有望彻底淘汰低、散、危鞋企，实现民房同企业分离，企业上规模。目前，先行区块30亩已完成竣工，一期157亩施工顺利，二期265亩已完成出让。

（三）提升了乡村生态环境，增强了村庄的乡愁气息

生态环境建设是全域土地综合整治与生态修复工程的核心内容，各地针对各自的生态环境问题，结合村落的传统建筑、街巷空间等历史文化要素保护，开展了相应的生态环境修复工作。例如，温州市苍南县中对口村针对"进村捂鼻头，出村摇着头"的生活环境突出问题，通过全域整治，共拆除违章建筑2.35万m$^2$、危旧房300间；新民居建设项目总用地面积93.4亩，共计房屋934套。如今，中对口村道路整洁，滨水公园草坪中缀有鲜花，亭台楼阁和绿树相映，文化礼堂、村民中心等各种公共设施齐全，中对口村成为远近闻名的秀美乡村。杭州市双浦镇在遵循村庄原始风貌的基础上，完善村庄配套功能，全面提升地区环境面貌，关停矿山实施生态复绿，建设兼具历史记忆和地域特色的美丽城镇，打造了"钱塘田园"新亮点。丽水市松阳县象溪一村以全域整治项目为载体，加大古村保护、恢复"天人合一"的村落形态，在核心区严控建新房，对外围区域建房注重建筑布局、高度、风格、色调与村庄传统风格相协调，村里用老屋拆下来的50座寓意丰富的石门建成"忆古寻梦"广场公园，为后人留下历史印迹。象溪一村还用老瓦片、老砖头、老酒坛垒起富有韵味的"三片墙"，让乡愁可视可感。

## 三、对以土地空间重构拓展乡村振兴新空间的启示

增强土地要素对乡村振兴的支撑能力是推进乡村振兴战略的一个根本保障，而重构土地空间是增强土地要素支撑能力的必然途径。2019年年底，自然资源部发布了《自然资源部关于开展全域土地综合整治试点工作的通知》，浙江省全

域土地综合整治与生态修复的成功实践，为全域土地综合整治试点工作的开展提供了相应的经验和启示。

（一）科学的村庄规划是前提

浙江"千村示范、万村整治"的一个基本经验就是以科学规划为先导，一张蓝图绘到底，久久为功搞建设。一个科学的村庄规划，一是因地制宜，立足于自身的自然资源禀赋和社会经济条件，谋划村庄发展定位和用地布局，明确全域土地综合整治与生态修复的重点内容与任务，合理划定村庄建设、公共服务、生态保护、产业发展等功能分区。二是区域居民点体系布局要先行，明确集聚提升类、城郊融合类、特色保护类、搬迁撤并类的村庄分类，在更大空间范围内实现资源的优化。"迁村并点"是生活基础设施配套对人口聚集规模的内在需求。三是要坚持以生态为基，土地不仅以其生产功能和空间承载功能支撑着农村经济，也以其生态调节功能和文化传承功能影响着农村生活品质，且生态环境是支撑生产功能和空间承载功能的基础。要在修复受损生态环境的基础上，强化生态化整治理念，如在高标准农田建设中推行生态沟渠、生态砌坎、生态廊道等生态化工程，保护生物多样性，提高生态系统稳定性。

（二）涉农资金与项目的统筹是基础

土地空间重构的最大特点就是基于乡村振兴战略需求，统筹推进村庄建设用地整治、废弃矿山整治、人居环境整治、美丽清洁田园建设等各类行动，着力建成农田集中连片、建设用地集中集聚、生态环境优美的土地空间新格局，这也是落实"山水林田湖草生命共同体"系统理念的内在需求。"统筹"是整个工程的灵魂，而工程的推进实施是实现统筹的根本保障。要借鉴浙江全域土地综合整治与生态修复的做法，进一步把高标准农田建设、"空心村"整治、农村人居环境改造、农村公路建设、农田水利和农村生态环境治理，以及电力、通信、燃气等相关涉农项目和资金整合在一起，为乡村振兴的土地空间重构奠定基础。

（三）村民的积极支持是关键

广大村民是乡村土地空间重构的主体，他们既是乡村土地空间重构最主体的利益群体，也是乡村土地空间重构最重要的建设者，没有村民的积极支持，乡村土地空间重构不可能得到实现。要赢得村民的积极支持，一是要获得村民的理解，可以通过发放宣传手册、微信公众号宣传、展示规划效果图等形式，让广大村民认识土地空间重构带来的种种好处。二是切实保障群众利益，让村民有实实在在的获得感和幸福感，特别是在村庄规划设计、搬迁安置安排、迁出地资源盘活等涉及群众切身利益的方面，严格落实信息公开、意见征询等工作机制，根据村民真实意愿和需求，提出多套方案供群众选择，同时要充分考虑村民实际承受能力，坚决防止不顾条件盲目推进、大拆大建，杜绝盲目建高楼、强迫村民住高楼的现象。要把产业发展与村庄规划结合起来，让村民分享产业发展收益，使农村资源"取之于农、用之于农"，推动村民收入的增加和生活品质的提升。

（四）配套制度创新是保障

"控制总量、优化增量、盘活存量、释放流量、实现减量"是以土地空间重构拓展乡村振兴新空间的基本要求，这些基本要求的实现，离不开配套制度的创新。一是要紧扣《自然资源部关于开展全域土地综合整治试点工作的通知》的文件精神，探索永久基本农田的布局优化调整，更新完善永久基本农田数据库的实现路径。二是要进一步显化农村土地资产价值，科学运用城乡建设用地"增减挂钩"政策，允许节余建设用地指标的跨区域有偿使用，为乡村振兴提供强有力资金支持。三是要在坚持农村宅基地所有权、资格权、使用权"三权分置"改革方向下，通过农村宅基地使用权的合理流转，创新宅基地跨集体经济组织使用，解决"迁村并点"中农户的宅基地使用权的基本保障问题。四是推进集体经营性建设用地入市的改革，探索将零星分散的农村建设用地进行集聚、闲置的宅基地进行复垦或盘活利用，通过集体经营性建设用地入市，发展农村新业态新产业。五是要在坚持农用地所有权、承包权、经营权"三权分置"改革方向下，探索"确权确股不确地"等承包经营方式或构建现代农业龙头企业携手小农户的协作模式，破解现代农业模式经营与家庭分散承包的矛盾，特别是避免高标准农田建设后的再次细碎化。

# 江西省村庄规划的试点探索*

村庄规划是我国国土空间"五级三类"体系中的重要组成部分，是各级国土空间规划任务的最终落实，在我国空间治理能力现代化建设中占据基础性地位。2019年，江西省开展了村庄规划试点，在对试点成果进行系统总结、归纳经验的同时，客观面对存在的不足，这对深入推进村庄规划、提高村庄规划编制水平具有积极的现实意义。

## 一、村庄规划试点工作的主要经验

江西省村庄规划试点于2019年5月正式启动，为了探索不同类型村庄规划的经验，50个试点村庄分不同类型进行，其中19个为集聚提升类，18个为特色保护类，13个为城郊融合类。各地非常重视村庄规划试点工作，投入了大量的人力与物力，历时半年时间，完成了各项试点任务，取得了预期效果。

（一）形成了较为科学的工作机制

一是针对村庄规划的综合性特点，每个试点均由具有城乡规划和土地利用规划编制资质的两家单位联合编制；二是明确了技术组驻村调研的具体要求，技术组调研时间不得少于一周，须吃住在村庄，保障调研深入，全面掌握全村的资源利用情况；三是明确了开门编制规划的基本原则，村庄规划是广大村民的规划，必须充分征求村民意见，通过公众参与，让村民认识规划、了解规划、讨论规划、掌握规划，最终自觉执行规划。例如，石城县长溪村探索了参与式的村庄规划，成效明显。

（二）明晰了规划编制的技术思路

一是提出了区域内自然村落的差异化对待，要求对规划范围内的自然村落，按城郊融合类、集聚提升类、特色保护类、搬迁撤并类进行划分，对于把握不准的地段或自然村可采取"留白"政策和"暂不确定类"处理；二是明确了迁村

---

\* 本文的主要内容曾刊发于《中国土地》2020年第2期，参加调研的还有郭熙。

并点、宅基地减量化的农村居民点优化思路，如赣州市把农村宅基地减量化目标作为刚性要求；三是充分利用"三调"成果，不少村庄根据"三调"成果提出了优化永久基本农田的布局建议方案，对于目前永久基本农田保护区的非耕地进行相应核减，从一般农田中相应补划，确保永久基本农田保护面积不变；四是安排了近期建设项目，以项目促进规划的实施。这些建设项目都是村民的迫切诉求，若能如期建设，将极大地激发广大村民的规划参与主动性和主人翁精神。

（三）认识了规划实施配套制度建设的重要性

一是每个村庄规划都须制定村规民约，促进规划的实施；二是结合当前农村人居环境的整治目标，制定了相应的生活环境管理制度；三是提出了相应的土地使用制度创新，如宁都县灵村提出通过村组调整，破解"仅限于本村集体经济组织成员使用宅基地"的政策壁垒，铅山县月塘村提出了"宅基地银行"的盘活存量建设用地制度思路，余江区霞山村则结合当地的宅基地使用制度改革，推进迁村并点和公共基础设施的优化配置；四是探索了规划成果的表现形式。针对村民的认知习惯，赣州市和宜春市的村庄规划成果除了传统的规划文本、规划图集、规划说明、附件材料外，还专门形成了村民阅读版规划文本，方便村民了解村庄国土资源基本情况，明白村庄国土资源的利用与保护要求，并成为村庄规划的自觉执行者和监督者。

## 二、村庄规划试点中的主要不足与具体表现

试点就是在摸着石头过河，尽管各试点积极发挥主观能动性，最终形成了各具风格的村庄规划成果，但毕竟是试点，存在问题在所难免。实用性是村庄规划的生命力，从规划成果来看，规划方案在实用性方面存在一些共性问题，主要表现为以下几点。

（一）重单个村庄发展建设，轻区域全要素统筹

现阶段的村庄早已走过了"依田而住、逐水而居、沿路而建"阶段，"迁村并点"形成适度居住规模已成为实施乡村战略"生态宜居"目标的内在需求。然而，村庄规划常常着眼于现有每个村庄的建设发展，而缺乏区域全要素统筹。一是缺乏区域村庄体系的谋划。仅简单地对现有的每个村庄发展进行策划，而没有考虑村庄撤并提升的客观要求，直接导致公共基础设施和生活配置设施布局的无序，最终形成设施低效利用的后果。例如，A县LH村现有278户2869人，规划至2035年达2948人，目前的14个自然村落，规划定位1个自然村落是城郊

融合类，13个自然村落是集聚提升类，没有一个是搬迁撤并类。其中，7个自然村落规划预测人口不足200人。再如，G区PJ村现有527户2087人，规划至2035年达557户2100人，6个自然村全部定位为集聚提升类，同步发展。二是过于关注村庄的产业策划，缺乏"人-地-钱"要素的统筹配置。不少村庄规划把产业规划作为重中之重，进行了深入的SWOT分析，构建了村庄产业的发展蓝图。不可否认，产业规划是村庄发展的基础，但村庄规划不仅要为产业发展提供用地保障，也要为村民的生态宜居环境以及生态整治统筹用地安排，更要通过区域用地安排引导人口的聚集与各类资金的集中投放，形成"人-地-钱"的同步聚集。三是普遍缺乏系统思维，"山水林田湖草村"的整体协调不足。村庄规划人为地分割了区域山、水、林、田、湖、草、村等要素的系统关联性，村庄整治、高标准农田建设、生态环境整治相互脱节，没有体现全域整治的理念，没有把区域山、水、林、田、湖、草、村各项内容视为一个有机整体，进行综合整治规划。

（二）重村庄硬件建设，轻配套制度建设

村庄规划不只是简单地描绘出村庄的建筑布局和外在形象，更要制定相应的配套实施制度，促进乡风文明与治理有效目标的实现，甚至在某些特定的村庄规划中，制度建设更为重要，如Y县DY村由4个行政村合并而来，已形成了集中居住的整体性，现有1985户9649人，村庄规划的重点内容是村组的融合和人居环境的改造优化，制度建设尤为迫切。但村庄规划重村庄硬件建设，轻配置制度建设的现象较为普遍。一是过分强调村庄外观的"高大上"和规划成果的美观，成果的可读性不够。一方面，大部分村庄规划过分重视规划成果的外观，绘制一系列漂亮的点、轴发展趋势分析彩图、区位协同彩图，这些图印制成本高，看上去很有道理，但抽象又宏观的表达，让村民欣赏过后，难以掌握规划的实质内容。另一方面，高深理论分析和繁杂描述的规划文本，不能简单明了地表达规划内容，这让村民觉得规划离他们很远。二是突出各项规划目标的设定，而缺乏规划实施的可行性分析，村民对规划实现的信心不足。从规划设定目标来看，GDP的增长、人均可支配收入的提高、公共绿地面积的配置、基础设施的建设、生活环境的改善，往往让村民充满期待，但却没有具体的实现举措。例如，P县NY村近期规划建设项目的预算投资需要5800多万元，但只是简单地提出800万元由社会投资、5000多万元由上级部门投入的设想；WT村规划安排了13个近期建设项目，投资预算6338.2万元，资金来源却是以"村民集资"为主。若近期项目得不到落实，规划目标难以实现，规划的权威性势必打折，甚至可能沦落"纸上画画、墙上挂挂、尽是鬼话"的窘境。有的村庄规划提出了人口聚集建设农村中心社区的目标，却缺乏相应的引导人口聚集的措施，既没有公共基础设施集中布局的安排，也没有提出"跨村集体经济组织使用宅基地"的制度创新，甚至还特别强调"各自然村组严格按照'一户一宅'政策进行住房优化布局"。

（三）规划内容面面俱到，村庄自身禀赋与发展特色突显不够

因地制宜是确保村庄规划实用性的根本，所谓"千村千样"，即每个村庄都有其自身的自然资源禀赋和社会经济条件，发展目标不同，表现出对国土资源的保障需求以及面临的主要问题也不同，反映在村庄规划中的国土资源优化配置也不同。为了体现村庄规划的差别化，国家明显提出村庄按四类对待：城郊融合类、集聚提升类、特色保护类、搬迁撤并类。尽管各村庄在编制规划时，明确了具体村庄类型，但在规划内容上并没有体现自身的特色。例如，城郊融合类村庄，没有很好地实现"生活基础设施城乡共享、产业城乡互补"的目标，并制定出相应的资源配置制度保障；特色保护类村庄，没有系统围绕"特色保护的价值分析—保护中存在的问题诊断—规划的应对措施—配套制度建设"的主线展开规划；集聚提升类村庄，没有很好地围绕"村庄做大做强，通过生活基础设施的配套建设，吸引人口、建设用地和投资的聚集"的思路进行规划。每个村庄都想全面发展，规划内容面面俱到，这导致村庄发展思路雷同现象较为严重，特别是大部分村庄的发展方向都是农旅结合，但对通过什么具体项目做到农旅融合，如何做出特色以及提升市场竞争力考虑不多，更没有提出用地的保障对策。

（四）刚性有余而弹性不足

规划建立在对未来发展预测的基础之上，其不确定性是客观存在的，因此村庄规划同样应做到刚柔并举。然而，具体规划存在刚性有余而弹性不足的现象：一是建设用地安排过于具体。例如，在预测每个自然村落人口增长的基础上，确定了新增宅基地的数量，甚至明确了具体空间位置，有的村庄在经营性用地安排上，还规划出"幸福食堂""牛栏咖啡"等具体经营项目与位置；还有的村庄规划对每一栋房屋的外立面修饰都做出明确的要求，明确了种什么花、草。二是替代市场对农用地的利用做出详细的种植安排。例如，L县XF村对农用地做出了详细的安排，明确了种植水稻多少亩，烟叶多少亩，莲虾套养多少亩等，但种植结构应是农民根据市场需求自主决策，而不应是事先统一规划的。三是制度规划替代了村民自治。例如，一些村庄对于超面积使用宅基地及非本村集体经济组织成员使用宅基地的有偿使用标准，做出了非常具体的规定，而这些制度的具体内容本应由村民自治决定并根据自身需要不断调整

与完善。四是对"留白"制度的应用不多。为了应对未来土地利用的不确定性，各地创新性地提出了用地规划的"留白"制度，即对未来发展具有不确定性的地段，可暂不明确或规定其用途，并预留相应规划建设用地指标的一种用地弹性管理的制度，其目的就是要应对目前难以预测的村庄土地利用需求。然而，在具体村庄规划编制中，很少有村庄应用"留白"制度，更没有提出相应的管控要求。

## 三、完善村庄规划的对策建议

村庄规划作为我国国土空间规划体系中最微观的规划，不仅关系着国家意志的最终落实，也是实现村庄自身可持续发展的重要保障。从各地试点看，村庄规划全面铺开的机会还不成熟，应进一步通过试点总结经验，特别是个别地方要求超过30户以上的自然村都要编制规划的做法更应停止。一是缺乏上位规划的约束，在县、乡国土空间规划尚未完成之前，各村的新增建设用地总规模及其占用耕地指标、耕地保有量、永久基本农田保护面积等各项刚性规划指标，以及用途管制的进一步落实，都难以保证与上位规划统一。二是各地对村庄规划的认识不统一，在编制思路、内容上存在较大差异，形成的规划方案实用性大打折扣。贸然"运动式"展开村庄规划会引发一系列后遗症，给未来的国土空间治理现代化建设带来诸多不利因素。针对试点工作中的问题，提出以下完善村庄规划的对策建议。

（一）在县域层面加强居民点体系规划

随着社会的发展与进步，特别是交通条件的改善，乡村生产、生活半径迅速增大，农民生计的分化导致农业生产已不再是农村的最主要功能，子女教育、非农就业环境、医疗保障等社会服务成为农村社会的需求。由于生活基础设施配套的人口聚集规模内在需求，区位差、自然资源禀赋低、居住人口少的自然村庄的消亡难以避免，"迁村并点"已是农村发展的历史潮流。实际上，农民内心完全理解"迁村并点"、优化配置公共基础设施的现实意义。例如，在南昌县若冈村，规划编制课题组入驻之初，村民认为政府进行拆除老旧宅子，能获得相应的安置补偿，对规划编制课题组表现出很大欢迎，都希望老宅能列入拆旧范围，但当得知没有补偿后，立即表现出极大的抵触心态。

现阶段的农村人口迁移不仅仅局限于本村本乡，而是形成了梯度转移的规律，即自然村的往中心村走、中心村的往集镇走、集镇的往县城走的规律。每个村庄都不愿被列为搬迁撤并类对象，这就需要政府在县域层面进行科学统筹，编制居民点体系规划，优化主要公共基础设施的配置，重点建设新型农村社区，健全村庄功能，并通过人居环境的改善、生活品质的提高、产业和消费的聚集，引导人口向中心村、集镇聚集。对于人口规模小、地处边远山区、交通条件差、地质灾害隐患点以及被永久基本农田包围的小村落则应列入重点搬迁撤并对象。

（二）坚持开门编制，充分吸纳公众参与

一个实用性的村庄规划，不仅要体现上位规划的各项要求，更要被广大村民理解与接受，并成为土地利用中的自觉行为。因此，坚持开门编制，充分吸纳村民公众参与是确保村庄规划实用性的关键。国际上流行的参与式规划是充分吸纳村民公众参与的成功模式，从规划编制方案的启动、基础资料的收集与分析、区域问题的诊断与规划目标、规划内容的确定，到规划的实施监督，全过程地吸纳村民参与，通过充分讨论与协商，最终形成共识。石城县长溪村探索的参与式村庄规划实践已体现出强大的生命力。一方面，参与式村庄规划是一个提高村民对村庄资源科学认知的科普过程，村民通过与规划技术人员的交流，能对村庄的资源有一个客观认知，知道哪些资源具有保护价值，以及如何珍惜与保护这些资源；哪些资源该如何实现可持续利用；另一方面，参与式村庄规划也是一个强化村民自治、增强村民凝聚力的过程，在不断的讨论、协商中，村民充分表达各自的观点，在相互理解中达成共识，提高了村民自组织的能力与自治效果，也进一步体现了村民的主人翁精神，在村庄规划编制过程中，村民不断挖掘村庄特色要素，不仅包括古建筑等实物要素，也包括风俗习惯等文化要素。

公众参与并不等同于完全满足每个村民的意愿，不少村民的诉求多基于自身的实用性，短期见效就行，如每个村民都希望自家门口的道路宽敞，每个自然村都想成为中心村，被重点打造成新型农村社区，进而纷纷提出配置公共停车场、休闲广场、农贸市场、幼儿园等诉求，但公共基础设施必须在形成一定居住规模后才能保障使用效率，这就需要沟通协商，而村两委和村民理事会在这方面拥有得天独厚的优势，是实现村庄规划公众参与必不可少的组织保障。村庄规划的最大利益群体是广大村民，为了适应村民的认知习惯，可以在传统规范规划成果基础上，再形成村民版规划文本，在内容结构体系上可综合原先的土地利用总体规划成果和城乡建设规划成果特点，做到图文并茂、通俗易懂、一目了然。

（三）强化问题导向与目标导向的结合

村庄规划既要落实上位规划的各项目标，又要解决制约当地土地资源可持续利用的现实问题，是一个充分体现问题导向与目标导向相结合的典型规划。目标导向，并不是简单地把上位规划的各类规划指标进行落实，还要紧扣乡村振兴战略目标，根据村庄自身的资源禀赋和社会经济发展需要，提出村庄国土资源的利用战略。为了产业兴旺，村庄规划应根据当地的产业发展规划，特别是在三次产业融合的大趋势下，为新业态新产业提供用地保障；为了生态宜居，应完善公共基础设施建设，改造人居环境，鉴于公共基础设施配置的基本居住规模要求，必须形成人口聚集的中心村庄，建设新型农村社区；为了治理有效和乡风文明，要形成良好的村规民约和有效的协商民主。在村庄规划的编制中，广大村民积极参与，在不断协商、沟通中形成协商民主机制。因此，一个成功的村庄规划，不仅仅是一个科学有效的规划方案，还应包括相应村民协商民主机制的构成，也应体现"授人以'鱼'不如授人以'渔'"的理念。

不论是目标导向还是问题导向，最终都应指向国土资源的优化配置，但在村庄规划的试点中，这一点常常被忽视。例如，SL村的规划针对传统花炮产业必须转型的需求，提出了产业转型的方向，但却未进一步分析用地保障需求和优化配置对策。同样，问题的诊断最终也应指向国土资源的利用与保护，不能只停留在表面，不少村庄诊断出产业发展缓慢、经济基础薄弱、生活基础设施落后、生活环境脏乱差、"空心村"现象严重、建设用地利用粗放等问题，却没有深入分析土地利用方面的原因，是产业用地保障不够？基础设施用地不够？布置不科学？缺乏村庄体系规划的引导？还是缺乏闲置宅基地盘活机制？进而导致后续的国土资源利用与保护对策缺乏针对性。

（四）强化用途管制的制度建设

《中共中央 国务院关于建立国土空间规划体系并监督实施的若干意见》指出要形成以国土空间规划为基础，以统一用途管制为手段的国土空间开发保护制度，也明确在城镇开发边界外的建设，按照主导用途分区，实行"详细规划+规划许可"和"约束指标+分区准入"的管制方式。村庄规划的范围均属于城镇开发边界外，因地制宜地对村庄规划进行空间用途分区，并制定相应的用途管制规则，已成为"详细规划+规划许可"和"约束指标+分区准入"管制方式的基础。

由于目前对如何构建村庄规划用途管制体系及制定用途管制规则尚未形成相应的技术规范，在各地试点中，大部分村庄规划缺乏详细的用途管制分区和针对性制定的管制规则，有的只是简单地按生产空间、生活空间和生态空间三大类提出原则性的用途管制要求，有的直接套用原国家县级土地利用规划的技术规程中的用途分区体系及其用途管制规则，既缺乏实际管制效力，也不具可操作性。从理论上看，村庄规划的用途管制，应在"三线三区"的基础上细化，其中建设用地的不同管制区，应在建设项目属性、建筑密度、容积率、绿化率，甚至建筑风格上作出相应的规定；生产用地的不同管制区，应对土地利用强度、耕地的用养结合作出规定，并鼓励生态耕种，控制化肥农药的过量使用以及任何有损于耕地生态系统的行为，在促进耕地质量保护的同时，保障农产品的安全；生态用地的不同管制区，则根据不同地段的资源环境本底和生态脆弱性制定相应保护要求和利用约束。

# 下篇：农村土地使用制度改革的思考

本篇收集的18篇对策建议报告，是我们课题组2017年以来在各地调研基础上的思考，基本上是受到上篇7个农村土地使用制度地方创新的启示，也算是从实践到理论的一种朴实升华。这些对策建议报告均被不同内刊采用，从一个侧面表明其切中了社会的关注点，其中5篇刊发在国家发展和改革委员会主管、中国经济体制改革研究会主办的《改革内参》，1篇刊发在中共江西省委办公厅主办的《参阅信息》，1篇刊发在江西省人民政府研究室主办的《赣府参阅》，10篇刊发在中国土地学会主办的《土地科学动态》，另有1篇随笔。

"乡村振兴离不开土地使用制度创新"在强调正确认识土地使用制度创新在乡村振兴中承担的历史使命的基础上，提出：①要坚持土地使用制度创新的系统思维：一是在各项具体土地制度的改革中，应坚持"一盘棋"思维，联动推进，相互协调，形成合力；二是促进各社会生产要素的系统协调，实现"人-地-钱"要素的同步聚集。②要充分发挥村集体经济组织的土地使用制度创新主体作用：一是加强村集体经济组织建设；二是激发村集体经济组织的土地使用制度创新主动性和积极性；三是善于总结地方实践探索，及时形成具有推广价值的创新模式。

"落实耕地占补须有配套制度创新"，针对"占优补劣"等现实问题，提出应进行配套制度的创新，把非农建设占用耕地的产能损失作为规划评估的必备指标，在规划源头上控制对耕地产能的占用；改革建设用地的预审与供地机制，激励用地单位耕地保护行为；构建科学的产能核算标准与方法，制定耕地开垦费计算办法；完善耕地占补平衡的监管体系，实现耕地产能的"补、备、核、用、考"全程监管；尽快制定异地补充耕地指标调剂收益计算办法，激发地方政府的耕地保护积极性；推行农村宅基地有偿使用和回归耕地占补责任主体，激励农户珍惜耕地。

"关于构筑耕地占补平衡社会共同责任网的思考"，在分析构筑耕地占补平衡社会共同责任网的必要性的基础上，提出了构筑耕地占补平衡社会共同责任网的对策建议：一是改革建设用地的供应机制，激励用地单位耕地保护行为；二是以土地利用总体规划"控占用"，在源头上控制对耕地产能的侵占；三是科学制定耕地开垦费计算办法，县域内占补与异地占补应有所区别；四是推行农村宅基地有偿使用和回归耕地占补责任主体，激励农户珍惜耕地；五是重视新增耕地的地力培育与后期管护，创新农田公共基础设施的维护机制。

"耕地占补应坚持'以质抵量'的产能平衡"，对"以质抵量"的产能平衡可行性进行论证，认为一是符合耕地占补平衡政策的本质要求；二是符合实施藏粮于地的战略需求；三是符合生态文明建设的内在需求；四是不会动摇我国耕地数量的根基；五是有利于推进乡村振兴。

"当前农村土地整治工作面临的问题及建议"，对制约地方开展土地整治积极性的主要因素进行归纳，包括农民思想上存在误区，积极性不高；牵涉面广、手续烦琐，工作推进难度大；土地整治相关要求过于机械，与现实情况不匹配。为此提出了充分激活农民热情，破除工作阻力；完善配套制度，提升土地整治"加速度"；允许地方结合实际，灵活运用政策等对策建议。

"农村新业态新产业用地保障的几点思考"，提出要从以下六个方面来思考农村新业态新产业的用地保障：一是科学界定农村新业态新产业的内涵与分类，并加强规划引导；二是农村新业态新产业的用地保障制度创新应坚持"两个最严格"；三是完善土地用途管制制度，推进村土地利用规划；四是加强土地利用的风险评估，强化土地利用监管；五是加快农村土地使用制度的改革步伐，规范用地行为；六是土地整治是提升农村新业态新产业用地保障能力的重要抓手。

"宅基地制度改革须处理好五对关系"，认为宅基地制度改革必须抓住关键所在，科学处理好五对关系："迁村并点"与创新宅基地跨集体经济组织使用，政策引导与村民自治，福利保障与宅基地的资产化，利益得失与村民改革获得感，宅基地有效利用与农村社会经济的整体发展。

"改革开放以来我国耕地利用变化及其展望"，系统归纳了改革开放以来我国耕地利用变化，具体表现为耕地利用主体呈多元化趋势，但小农依然占主流；耕地经营规模呈扩大趋势，但细碎化现象未得到根本性改变；耕地经营经济效益增长缓慢，占家庭经济收益比例明显下降；耕地的保障功能在弱化，但依然是农民"最后的生存保障"；耕地种植结构的多元化现象增加，但粮食产量平稳上升。从发展趋势看，耕地利用主体多元化在一定时期内存在，小农经营的地位不容忽视；耕地利用多功能表现日趋明显，第一、第三产业融合将成为主基调；面对耕地资源可持续利用的压力，推行生态耕种已成必然。

"城里人到农村购地建房的条件尚不成熟"，认为城里人到农村购地建房的条件并不成熟，贸然全面放开城里人到农村购地建房的政策，弊大于利。具体表现为农村土地规划与用途管制尚不完善，农村宅基地的福利性质并未改变，农村宅基地流转机制远未形成，存在催生新"闲置房"的可能，对小产权房的治理提出新的挑战。

"构建农村土地多元化治理体系的思考",提出构建农村土地多元化治理体系的几点建议:一是壮大村集体经济组织,强化关键主体的治理能力;二是紧扣新时代治理需求,明确多元协同治理目标;三是明确各主体职责定位,形成多元主体协同合力;四是构建科学的制度保障体系,健全多元主体协同机制。

"承包地是否调整应尊重村民意愿——'基于增人不增地、减人不减地'政策的基层调查",在"增人不增地,减人不减地"政策存在不足的基础上,提出完善承包地调整的对策建议:尊重地方意愿,遵循村民自治;构建农村土地承包经营权退出机制;鼓励以促进规模经营为目的的"确权确股不确地"。

"构建科学的空间用途管制体系,消除地方发展之忧",针对一些地方出现"谈保护区色变"的恐慌心态,提出生态红线区并不等同于"无人区",更不都是自然资源原始状态的保留区。而构建科学的空间用途管制体系,是消除各地划定生态红线区顾虑的前提,也是协调自然资源利用与保护的基础:一是要构建多层级规划空间用途分区体系,突出"微观"规划空间用途分区的地域性;二是要全方位制定空间用途管制规则,突出空间用途管制的空间属性与可操作性;三是要加强资源环境承载力评价,强化"无人区"划定的科考论证。

"'迁村并点'的困与思",分析了"迁村并点"面临的规划协调难、村民融合难、用地保障难、资金保障难等现实困难,提出了相应的对策建议:一是发挥政府的调控与导引作用;二是发挥村民自治组织的主体作用;三是创新土地使用制度;四是提高资金保障能力。

"生态耕种是推进生态文明建设的必然选择",提出遵循生态系统基本原理、避免人为地对耕地系统产生不可逆的干扰,以改善农业生态环境的生态耕种行为,已成为实现耕地资源可持续利用的必然选择。因此,要加强生态耕种理论研究,提升各类经营主体的耕地生态行为,保障经营者生态耕种应有的经济收益,提高国家对生态耕种激励政策的成效,完善生态耕种技术推广体系,强化耕地耕种生态保护的约束管制。

"关于提高村庄规划实用性的思考",针对一些地方村庄规划编制中存在重单个村庄发展建设,轻区域全要素统筹;重村庄硬件建设,轻配套制度建设;规划内容面面俱到,村庄自身禀赋与发展特色突显不够;刚性有余而弹性不足等影响规划实用性的主要问题,提出了提高村庄规划方案实用性系列建议:一是在县域层面加强居民点体系规划;二是坚持开门编制,充分吸纳公众参与;三是强化问题导向与目标导向的结合;四是强化用途管制的制度建设。

"构建企业携手农户新机制 筑牢粮食生产基础——基于江西乐安'绿能'模式的实践调研",对"政府引导、村组主导、村民自愿、协同多样"的现代农业企业与小农户协同新机制的做法与主要成效进行分析，提出要形成现代企业与广大农户共荣共赢的命运共同体，要正视不同农民的需求，构建多样化的协同关系；鼓励"村社合一"，发挥村组织的凝合剂作用；培育善于经营的现代农业企业，确保协同机制的活力；改革扶农支农方式，提高政府扶持实效。

"我国耕地保护制度执行力亟待提升"，针对我国耕地保护制度执行力不强、耕地保护效果不尽人意的问题，从制度的明晰力、制度的执行力、制度的行动力、制度的督导力四个维度对我国耕地保护制度执行力现状进行分析，并有针对性地提出提升我国耕地保护制度执行力的对策建议：完善耕地保护制度内容体系，提高制度质量；提高耕地保护制度的社会认同度，营造执行氛围；健全耕地保护制度执行保障机制，激发执行动力；运用现代科技手段来保护耕地，监督制度运行。

"乡村振兴需要集体强起来、农民动起来、土地活起来"，提出乡村振兴取决于内生发展活力，而内生发展活力又取决于内生动力机制。要培育各地乡村振兴的内生动力机制，必须让"集体强起来、农民动起来、土地活起来"，即充分调动村集体组织的主观能动性，发挥广大农民的主人翁精神，激发农村土地要素的活力。

# 乡村振兴离不开土地使用制度创新*

"三农"问题是关系国计民生的根本性问题,必须始终把解决好"三农"问题作为全党工作重中之重。十九大报告再次重申"三农"问题的重要性并首次提出实施乡村振兴战略,这是中国特色社会主义进入新时代后做好"三农"工作的重大战略举措。土地作为重要的社会生产基本要素,在乡村振兴中扮演着极其重要的基础性角色,乡村振兴战略的实施离不开土地使用制度创新。

## 一、正确认识土地使用制度创新在乡村振兴中承担的历史使命

与以往"城乡统筹"发展不同,乡村振兴追求的是城乡融合发展,要使城市与乡村形成相辅相成、互为促进的共生共荣、共享共利关系。城市的发展繁荣不能排斥农村的发展繁荣,不仅要实现"农业现代化",还要实现"农村现代化"。土地制度是国家制度体系中一项基础制度,不仅关系到乡村发展与稳定,也关系到城乡融合发展。由于面积的有限性和位置的固定性,土地比资金、劳动力、技术等要素的战略地位更加凸显。资金可以筹集,劳动力可以调配,技术可以引进,唯独土地无法再生。土地要素配置的本质就是土地使用制度设计。为此,十九大报告对于实施乡村振兴战略,提出了一系列具体政策,明确提出要深化农村土地制度改革,不论是完善承包地"三权"分置制度、保障农民财产权益,还是确保国家粮食安全,都与土地使用密切相关。

改革开放以来,随着工业化和城镇化的推进,农村、农业和农民受到了前所未有的冲击,关于农村的人才流失、村庄荒芜、耕地抛荒、环境破坏以及"秩序崩塌"等"乡村衰败"现象的描述和评论很多,特别是"农村空心化""农业边缘化""农民老龄化"成为"新三农"问题。造成工业化和城镇化进程中的城乡失衡的原因众多,但土地制度是其中最重要的一个因素。随着土地的城镇化,依附在土地上的资本及其生产、生态、景观价值也由农村向城市转移,政府本应限制其可能带来的负外部效应,努力实现土地城镇化与人口城镇化、土地城镇化与农村土地利用之间的协调。然而长期以来,政府偏向于通过农地转用来充分发挥

---

\* 本文曾刊发于《土地科学动态》2017年第5期,参加调研的还有刘桃菊、廖彩荣。

土地的经济价值，忽略了农地转用对农村土地生态景观和社会综合价值的损失。这种偏向城镇的土地政策在城市化进程中加剧了城镇和农村间土地关系的失衡，导致了人口城镇化远远滞后于土地城镇化、农民转移人口难以市民化，相应就出现了大量穿梭于城乡之间的"两栖人口"，他们即使在城市拥有住房，也不愿放弃农村的宅基地，甚至不断新建农村住宅；即使能有一定的经济收入，也不敢放弃家中的承包地，随时准备在城市生存困难时返回农村种地，造成了当前农村实际居住人口越来越少，农村宅基地却不减反增；承包地经营权难以形成稳定的流转的现状。

土地是农业发展最基本的生产资料，也是农民致富最根本的资本，也应是农村发展的最重要的资源。然而，由于农村土地使用制度改革比较滞后，特别是农村建设用地制度存在一定缺陷，当前农村土地资源难以流动导致宝贵的资源大量沉淀，难以实现其资产和资本的权能。因此，通过土地使用制度创新，改变我国土地政策城镇倾向性的习惯性政策路径，盘活农村土地要素，已成为推进城乡融合发展、实现乡村振兴的重要基础性课题。

## 二、坚持土地使用制度创新的系统思维

乡村振兴是一个典型的系统工程，"产业兴旺、生态宜居、乡风文明、治理有效、生活富裕"的发展总要求，明确把生产、生活与生态融为一体，既要追求物质生活的富裕，也要实现良好的精神文明生活和良好的生态环境。视农村、农业与农民为一个有机的系统整体全方面发展，把乡村建设成为安居乐业的美丽家园，实现新时代农业农村现代化。土地使用制度作为规范经济社会行为的一项基础性制度，也必须适应乡村系统发展的客观要求。

一是要在各项具体土地制度的改革中，坚持"一盘棋"思维，联动推进，相互协调，形成合力。例如，要实现"产业兴旺"目标，在"三权分置"的基础上将经营权流转视为保障农业现代化用地的主要改革内容，但伴随着农业供给侧结构性改革的深入，新产业、新业态不断出现，对农业生产设施用地、农业经营性供给提出了新要求，进而牵动农村建设用地的改革。要实现"生态宜居、乡风文明、治理有效、生活富裕"的农村现代化目标，就必须完善相应的教育、医疗、公共交通、公益活动场所等基础设施，大力发展配套的第三产业，而这些公共设施的建设与运行、第三产业的生存，需要形成一定的人口聚集规模。一方面，当前农村宅基地只限于本村集体经济组织成员，这显然对人口的合理聚集形成阻力，这就要求改革现行的农村宅基地使用制度；另一方面，农村公共设施建设和第三产业的发展须同时考虑农村公共建设用地和经营性建设用地使用制度改

革,但目前土地利用总体规划的用途管制分区并没有区分是集体经营性建设用地还是宅基地用地或公益性建设用地,这就要求同步推进土地利用总体规划的用途管制制度改革。人口的聚集及向第三产业的转移,还需要通过经营权的流转解决各家各户承包地的耕种问题,这又回到了"产业兴旺"目标下的促进经营权流转的改革主题上。因此,在乡村振兴中,农村各项具体土地使用制度之间存在着相互依赖、相互制约的关系,如果机械地截断制度之间的关联性,孤立地进行某一项制度改革既不科学也不现实,不符合乡村系统发展的客观规律。建议强化顶层设计,在理论上厘清乡村振兴中各项土地使用制度改革之间的关联性,阐述清楚相互之间的依存关系,绘制出清晰的制度系统关联性脉络图,在确保制度之间协同性和耦合性的基础上,分别明确各项土地使用制度改革的重要内容与目标。

二是促进各社会生产要素的系统协调,实现"人-地-钱"要素的同步聚集。乡村振兴离不开土地、劳动力、资金等基本社会生产要素的共同协调支撑,由于劳动力、资金等要素的配置最终要落实在土地上,土地使用制度在很大程度上决定着其他生产要素的配置。我国已进入以工促农、以城带乡、城乡融合发展的新阶段,随着惠农支农政策的推进,这些生产要素会持续不断地向农村倾斜。但目前却多是天女散花式的分散投入,要素之间相互脱节,尚未形成对乡村振兴的支撑合力。建议顺应迁村并点的历史潮流,以区域居民点体系规划为抓手,实现"人-地-钱"要素的同步聚集。农村居民点体系是乡村振兴中社会生产要素科学配置的基础,是引导农民集中居住、产业集中布局、土地规模经营,以及优化农村基础设施和公共设施集约配置、整合农业生产和生态空间的真正"龙头";也应成为"人-地-钱"要素的同步聚集的"引领者"。随着社会的发展与技术的进步,特别是交通条件的改善,农村生产生活半径的迅速增大、社会分工协作的范围不断扩大,农业生产已不再是农村社会的最主要功能,子女教育、非农就业环境、医疗保障等社会服务成为农村社会的需求,而生活基础设施配套的人口聚集规模内在需求,导致迁村并点已成为当前农村社会发展的一个潮流,传统的"沿路而建、临水而居、依田而住"的散乱的农村宅基地布局已不利于乡村振兴。因此,应遵循城乡融合发展,科学编制区域居民点布局体系规划,既考虑现有的村级组织基础与历史延续,也要考虑生活公共设施共享的需求。

## 三、充分发挥村集体经济组织的土地使用制度创新主体作用

农民是乡村振兴的主人,但集体是乡村振兴的实施主体。我国的村集体经济组织沿袭着传统的村落历史脉络,具有地域与血缘的先天性特征,村民与村落的发展和村集体经济组织的兴衰荣辱与共。村集体经济组织应是乡村振兴的关键主

体,他们在协调个人与集体利益、局部与整体利益矛盾中具有得天独厚的优势。只有充分发挥出这一关键主体的主动性和积极性,乡村振兴才能形成内生动力机制。同样,对于乡村土地使用的创新需求,村集体经济组织最清楚,也最具发言权,而作为农村集体土地的所有者,其更应承担起乡村振兴的土地使用制度创新主体责任。实践也证明,凡是发展较好的乡村,其村集体经济组织的战斗堡垒作用也较突出。然而,近年来的新农村建设多存在政府包揽过多而村民参与不足的问题,村集体和村民"等、靠、要"的思想较严重,主人翁意识差。

要充分发挥村集体经济组织的土地使用制度创新主体作用。一是加强村集体经济组织建设。要改变多年来村集体经济组织建设弱化的现状,特别是针对目前广大农村地区村干部老龄化的现象,广泛吸引有能力的年轻人进入村集体经济组织,为村集体经济组织注入新鲜血液,培养造就一支具有战斗力和创新精神的懂农业、爱农村、爱农民的"三农"管理队伍,并提高村干部带领村民振兴乡村的能力与本领。二是激发村集体经济组织对土地使用制度创新的主动性和积极性。要通过改善村干部的待遇来提升其工作积极性,通过加强土地资源管理等基本知识的宣传普及提升其土地使用制度创新的能力,在不突破"土地集体公有制性质不能改变、耕地红线不能破、农民权益不能受损"三大底线的前提下,允许村集体经济组织在创新中"犯错",使其放下包袱,大胆创新。三是善于总结地方实践探索,及时形成具有推广价值的创新模式。实践是创新之源,不少村集体经济组织,针对实践中遇到的实际问题,开创性地开展工作,探索出了诸如"确权确股不确地"经营权流转、跨村集体经济组织的差别化宅基地使用制度,以及"现代农业基地建设+经营权流转"的土地整治激励制度等具有生命力的制度创新。对这些实践进行系统的归纳总结,可为国家层面的乡村振兴、农村土地使用制度改革提供积极的参考价值。

# 落实耕地占补须有配套制度创新*

针对"占优补劣"等现实问题,《中共中央 国务院关于加强耕地保护和改进占补平衡的意见》(中发〔2017〕4号)明确提出要实现耕地占补的产能平衡,从而回归耕地生产能力占补平衡的内涵本质。"三分政策,七分落实",政策只有得以落实才能体现价值,而基层是政策落实的关键。为了深入了解基层对落实产能平衡可行性的看法,课题组多次组织由县国土资源管理部门、乡镇分管领导、建设用地单位、村干部、村民等各方代表参加的座谈会。与会代表完全赞同耕地占补产能平衡,但普遍认为其在落实中存在各种困难,必须进行配套制度创新。

## 一、强化非农建设占用耕地的产能损失评估,加强规划源头的控制

根据《中华人民共和国土地管理法》,任何建设项目都必须符合土地利用总体规划。新增非农建设用地占用耕地,无论是良田还是劣地,都受土地利用总体规划控制,然而现行的土地利用总体规划,并未对非农建设用地占用耕地产能及其补充任务给予足够的重视。

在土地利用总体规划编制时,要强化土地利用总体规划中非农建设用地占用耕地的产能核算,充分论证新增非农建设用地的选址,在源头上控制新增非农建设用地对耕地,特别是优质良田的占用。为此,建议将新增非农建设用地占用耕地的产能核算作为规划方案评估的必备指标,这样既可以依据非农建设用地占用耕地产能来优化规划方案,也能明确规划期内因非农建设用地占用耕地需要补充耕地的产能,有利于促使地方根据自身耕地产能的补充潜力,倒逼规划尽量减少对耕地产能的占用。

---

\* 本文曾刊发于《改革内参》2018年第2期,参加调研的还有洪土林、刘桃菊、王艳华。

## 二、改革建设用地的预审与供地机制，激励用地单位耕地保护行为

目前，各地在用地报批前均会对新增建设用地占用耕地进行实地踏勘，但大多都流于形式，并未对建设拟占用的地类（尤其是优质耕地）是否合理或建设项目是否可另行选址进行讨论，且在耕地占补平衡过程中，也都注重耕地数量的平衡。而在现行的新增建设用地供应机制下，除单独选址项目外，新增建设用地都采取"批量"报地、"零售"用地的形式，地价的高低主要取决于规划用途和地块区位，用地单位只需交纳相应的价款即可获地，至于占用了多少耕地、是否占用优质良田，没有多大关系。因此，在目前的预审与供地机制下，通过改进耕地占补平衡制度来形成用地单位"不占或少占耕地、能占劣地不占好地"的倒逼机制，是不现实的。

要改革建设用地的预审与供地机制，首先要切实把握好新增建设用地占用耕地的实地踏勘，将耕地的产能作为关键指标；其次，要将建设占用耕地的产能高低与用地成本挂钩。目前，地价只是界定为符合规划用途的"五通一平"（通路、通信、通电、供水、排水、场地平整）地块法定最高出让年限的土地出让权价格，根本没有考虑占用耕地产能的高低，因此建议在现行地价中单独把耕地产能占用成本剥离出来。地价完全由市场决定，耕地产能占用成本，则根据项目所占耕地的产能决定，在招、拍、挂之前公布。这样既可促进用地单位优先选择占用耕地成本低的地块，也可促使政府优先对耕地产能补充任务轻的地块进行报批、征用和"五通一平"。

## 三、构建科学的产能核算标准与方法，制定耕地开垦费计算办法

产能的量化，是耕地占补产能平衡的核心问题，也是最需解决的基础性问题。一方面，非农建设占用耕地的产能如何评价？虽然国土部门开展的农用地分等定级和农业部门开展的耕地地力评价，都是对耕地质量的评价，但是其应用中却面临实际困难：一是这些成果精度能否反映地块间产能差异？二是两项成果的评估技术思路存在明显差异，到底以哪个为依据？三是产能评估的主体是中介机构还是政府职能部门？中介机构是否需要具有相应的评估资质？另一方面，补充耕地产能如何核算？那些通过开发新增的耕地，需要几年的地力培育才能形成稳定产能，评估时点如何确定？是验收时还是形成稳定产能时？那些通过耕地整治

提质改造而地力提升的耕地产能核算又如何评定？另外，目前绝大多数用地单位因没有条件进行耕地自行补充而选择采取交纳耕地开垦费。从耕地产能的内涵看，耕地开垦费应根据占用耕地的数量、质量和生态损失来确定，但是否还应包括耕地的后期管护、耕地保护的经济补偿等费用？

由于我国地域广阔，地域差异明显，构建全国统一的产能核算标准并不现实。首先，应坚持因地制宜原则，科学划分区域，针对不同地域条件与特征，突出影响产能的主要因素，制定相应的产能核算指标体系与标准；其次，要充分利用农用地分等定级成果和耕地地力评价成果，在两者的基础上形成各地的耕地产能核算标准与方法；再次，要明确耕地产能评估的权威主体；最后，还要分别针对开发新增耕地的产能和整治提质改造提升的产能制定相应的评估方法。而耕地开垦费的计算，建议由所占用耕地产能补充成本、耕地资源保护的经济补偿成本、耕地后期管护成本三部分组成，各地则应先制定以产能为单位的耕地建设成本、耕地保护经济补偿机制与补偿标准、耕地后期管护平均成本。

## 四、完善耕地占补平衡的监管体系，实现耕地产能的"补、备、核、用、考"全程监管

为了严格耕地占补平衡政策执行，各地都建立了补充耕地的监管平台，从补充耕地项目入手，在项目实施、备案、核实和补充耕地占补挂钩使用、占补考核（即"补、备、核、用、考"）等环节上，利用土地"一张图"和国土资源综合信息监管平台实时监控，形成了相对完整的监管机制。目前的监管体系主要是针对耕地数量的占补平衡，新增耕地有明确的图斑，面积有据可查。但实行耕地产能平衡后，通过耕地提质改造提升的产能难以落实到具体地块，传统的图斑一一对应的管理已难以适应，补充的产能无法实现地块的跟踪管理，这对信息化监管提出了全新的要求。

要在现行的土地利用"一张图"和国土资源综合信息监管平台中，增加耕地产能的台账管理，完善"补、备、核、用、考"的产能内容，特别是省域内补充耕地指标调剂和跨省补充耕地。同时，明确异地补充耕地后期管护的监管必须由耕地保护地负责。

## 五、尽快制定异地补充耕地指标调剂收益计算办法，激发地方政府的耕地保护积极性

在农业生产经济效益低下与耕地保护经济补偿机制缺失的环境下，"保护耕

地就是维系贫穷"的尴尬局面难以打破，地方政府与当地农民的耕地保护积极性不高，表现为对耕地产能提升与维持的投入积极性不高。尽管《中共中央 国务院关于加强耕地保护和改进占补平衡的意见》（中发〔2017〕4号）明确要实行跨地区补充耕地的利益调节，补充耕地指标调剂收益可用于耕地保护、农业生产和农村经济社会发展，不让耕地保护地在经济上吃亏。但这些经济补偿能否弥补当地放弃经济发展权的经济损失，地方政府普遍持怀疑心态。调研发现，即使是高标准农田建设的上级财政投资项目，地方政府的申报积极性也不高，其原因除了项目实施难度大之外，地方政府的内在驱动力并不强，远不如对招商引资各类建设项目的积极性高。

构建耕地保护经济补偿机制是国际上耕地保护的惯例，且耕地保护经济补偿是以发展权为核心的多元补偿。《中共中央 国务院关于加强耕地保护和改进占补平衡的意见》（中发〔2017〕4号）明确可以实施省域内补充耕地指标调剂，也可探索补充耕地国家统筹。那些无法实现耕地占补平衡的县（市、区），可在省域内资源条件相似的地区调剂补充；允许耕地后备资源严重匮乏的直辖市，向国务院申请国家统筹，交纳跨省补充耕地资金。补充耕地指标调剂费用或跨省补充耕地资金，这也是对耕地保护的一种经济补偿。但能否激发地方政府耕地保护积极性，还取决于这些资金的多少。因此，应根据文件精神，既要考虑经济成本，也要考虑发展权的补偿，更要综合考虑补充耕地成本、资源保护补偿和管护费用等因素，制定省域内补充耕地指标调剂价格；综合考虑补充耕地成本、资源保护补偿、管护费用及区域差异等因素，制定跨省补充耕地资金收取标准。

## 六、推行农村宅基地有偿使用和回归耕地占补责任主体，激励农户珍惜耕地

尽管农民建房的户均用地面积小，但点多面广，特别是一些地方形成了占用自家承包地建房的习惯，同时缺乏农民建房的经济调控手段，导致长期以来农村建房面积及其占用耕地的比例居高不下。根据1993年的《关于切实减轻农民负担的紧急通知》《关于涉及农民负担项目审核处理意见的通知》，各地取消了农村宅基地有偿使用费、农村宅基地超占费、土地登记费。不少地方为了进一步减轻农民建房负担，即使是依法必须交纳的耕地开垦费，也是由政府负责交纳。虽然减轻了农民负担，但在一定程度上助长了农民建房超占用地面积、侵占耕地的行为。

当前，农村宅基地无偿使用已成为宅基地利用效率提升的一个主要瓶颈，特别是不需要履行耕地占补义务，导致农户建房在选址上几乎不考虑耕地保护。因

此，必须推行农村宅基地有偿使用，提高农户对宅基地资源的经济利用价值认识，回归农户建房占用耕地的补充责任主体，依法履行耕地占补义务，从而激励农户在建房中节约用地、减少对耕地的占用。当然，各地的宅基地有偿使用标准和耕地开垦费，应根据当地的经济发展水平、耕地资源的紧缺程度、耕地补充成本、耕地管护费用等多种因素确定。对于经济困难的农户，可以允许其申请减免宅基地使用费和耕地开垦费，但必须经过相应的程序给予审批。

# 关于构筑耕地占补平衡社会共同责任网的思考*

2017年年底,国土资源部发布了《国土资源部关于改进管理方式切实落实耕地占补平衡的通知》(国土资规〔2017〕13号),进一步明确了"建立以数量为基础、产能为核心的占补新机制",提出了"按照补改结合的原则,实行耕地数量、粮食产能和水田面积3类指标核销制落实占补平衡",这种更加严格的耕地占补平衡落实要求,可望解决以往"占优补劣"的突出问题,提升地方政府对落实耕地占补平衡的责任担当。

## 一、构筑耕地占补平衡社会共同责任网的必要性

我国制定耕地占补平衡的初衷是严格控制各类非农建设对耕地的占用、实现耕地总量动态平衡,特别是希望通过增加占用耕地的建设成本,倒逼社会各类建设主体尽量不占或少占用耕地。因此,耕地占补平衡政策的落实,不只是政府的责任,更是全社会的共同责任。实现耕地占补平衡需要构筑起一个社会共同责任网。

第一,耕地保护是社会的共同责任。除了农产品具备明显的排他性,完全归生产者所有外,耕地的粮食生产保障对社会的稳定作用以及农田耕作传统文化、开放空间、农村独特景观、生物栖息、空气与地下水的净化等非生产性功能均表现出强烈的正外部性,供全社会分享。应当注意的是,耕地保护的外部性具有一定的时空特性:一是代内外部性和代际外部性。通常大家所说的外部性多是指代内外部性问题,主要是从当代的利益来考虑资源是否合理配置,而代际外部性问题主要是要消除人类代际行为的相互影响,尤其是要消除前代对后代的不利影响,是"当前向未来延伸的外部性"。对耕地破坏不仅对当代人产生影响,而且对子孙后代的生存也会产生危害。二是空间区域的延伸性。由于耕地空间分布的不均衡性、耕地与非农用地的比较利益差别、区域经济发展不平衡等一些因素,耕地保护的外部性往往突破空间区域界限,表现出空间区域的延伸性。我国国土

---

* 本文曾刊发于《土地科学动态》2018年第1期。

面积辽阔，东南西北地区差异明显，区域经济发展不平衡。对于经济欠发达地区而言，生产粮食越多，意味着利益流失越大，同时需付出的耕地保护成本也就越高，这无论对不发达地区还是对土地经营主体农户来说都是不公平的。同一区域内，农户耕地保护成本与其占有耕地面积成正比，农户占有耕地面积越大，其耕地保护成本也就越大，承担耕地保护的责任也就越大，耕地保护带来的生态效益和社会效益流失就越大。因此，要保证耕地保护的公平性，就必须把责任上升到全社会的层面，由整个社会来分摊耕地保护的成本。正是因为耕地保护关乎国泰民安和社会可持续发展，所以，实行耕地保护社会化扶持已成为世界各地的惯例。

第二，耕地占补平衡是落实耕地保护的必然路径。作为最严格耕地保护制度框架内的重要组成部分，耕地占补平衡政策是针对我国人多地少、人均耕地占有低的基本国情，按照"占多少、补多少"的原则，要求非农建设单位或个人，补充与所占耕地数量与质量相当的耕地，以维持全国耕地农产品生产能力的平衡，实现"确保谷物基本自给、口粮绝对安全"的战略目标。我国正步入城镇化、工业化的快速阶段，各项建设不可避免地占用一定的耕地资源，而耕地占补平衡政策的实施就是为了弥补建设占用耕地对耕地保护基本国策的冲击。虽然建设占用不可避免，但多占和少占、占用良田还是劣地，还是有一定调控空间的，这就需要在全社会中形成一个耕地保护的自觉行动，人人都把耕地保护作为自己的责任。而在全民耕地保护意识尚未真正形成的现阶段，必须通过相应的制度建设，来约束人们在建设中占用耕地的行为，构筑起耕地占补平衡的社会共同责任网。

## 二、构筑耕地占补平衡社会共同责任网的对策建议

耕地占补平衡社会共同责任网的构筑，必须紧扣全民参与耕地保护这一主题制定相应的政策，既要有利于约束各建设用地主体尽量少占耕地、不占良田，又要有利于充分调动地方政府参与耕地补充与保护的积极性。

（一）改革建设用地的供应机制，激励用地单位耕地保护行为

现行的新增建设用地供应机制，除单独选址项目外，新增建设用地都采取"批量"报地、"零售"用地的形式。这种供地机制，直接产生两种不良后果：一是用地单位在耕地占用中处于被动地位，无法实现通过耕地占补平衡来促进用地单位"不占或少占耕地、能占劣地不占好地"的倒逼作用。因为用地单位只需交纳相应地价款即可获地，地价的高低主要取决于规划用途和地块区位，至于

占用了多少耕地、是否优质良田，则没有多大关系。二是催生了"批而未用"现象。当前一些地方均不同程度出现了"批而未征""征而未供""供而未用"现象，不仅使一些本可继续耕种的耕地提前被征用、损毁，产生了很坏的社会影响，而且在报批环节投入了大量的前期成本，造成了行政成本的无谓消耗，并直接导致新增城市建设用地的闲置。

因此，要改革建设用地的供应地机制，将建设占用耕地的数量、产能高低与用地成本挂钩。针对目前地价定义基本上是符合规划用途的"五通一平"（通路、通信、通电、供水、排水，场地平整）地块法定最高出让年限的土地出让权价格，根本没有考虑占用耕地产能高低的情况，建议在现行地价中单独把耕地产能占用成本剥离出来。地价完全由市场决定，耕地产能占用成本，则根据项目所占耕地的产能决定，在招、拍、挂之前公布。这样既可促进用地单位优先选择占用耕地成本低的地块，也可促使政府优先对耕地产能补充任务轻的地块进行报批、征用和"五通一平"。

（二）以土地利用总体规划"控占用"，在源头上控制对耕地产能的侵占

多年以来，"重外延扩张、轻内部挖潜"的发展思路，导致我国新增建设用地增长过快，不仅造成了新旧城区、新旧乡村生活区环境的巨大反差，以及建设用地低效粗放利用的现状，更造成了大量耕地被占。

土地利用总体规划作为新增建设用地布局的法定依据，应充分发挥其对新增耕地产能占用的调控作用。一是要彻底改变"重外延扩张、轻内部挖潜"的城镇发展方式，严控新建设用地及其占用耕地指标，倒逼各地开展建设用地整理，通过旧城区改造提高现有建设用地的利用率来满足城镇发展对土地资源的保障需求；二是强化非农建设占用耕地的产能核算，充分论证新增非农建设用地的选址，在源头上控制新增非农建设用地对耕地，特别是优质良田的占用。建议将新增非农建设用地占用耕地的产能核算作为规划方案评估的必备指标，这样既可以依据非农建设占用耕地产能来优化规划方案，也能明确规划期内因非农建设占用耕地需要补充耕地的产能，有利于促使地方根据自身耕地产能的补充潜力，倒逼规划减少对耕地产能的占用。

（三）科学制定耕地开垦费计算办法，县域内占补与异地占补应有所区别

目前，绝大多数用地单位都没有条件进行耕地自行补充，只能采取交纳耕地开垦费的形式。那么耕地开垦费如何计算？从理论上看，建设对耕地占用是永久性的占用，耕地开垦费应根据占用耕地的数量、质量和生态损失来确定，还应包括耕地的后期管护。但耕地开垦费过高，会影响招商引资，约束着企业的入驻；

耕地开垦费过低，政府要承担实际补充耕地的经济负担，这在中西部经济欠发达地区的基层政府难以承受。而现实是，东部地区已基本完成城镇化、工业化的基础建设，中西部地区要赶上东部地区，需要加大建设力度。

在农业生产经济效益低下与耕地保护经济补偿机制缺失的宏观环境下，"保护耕地就是维系贫穷"的尴尬局面难以打破。《中共中央 国务院关于加强耕地保护和改进占补平衡的意见》（中发〔2017〕4号）明确要实行跨地区补充耕地的利益调节，补充耕地指标调剂收益可用于耕地保护、农业生产和农村经济社会发展，不让耕地保护地在经济上吃亏。这种异地占补与县域内占补最大的区别，就是存在耕地异地保护的经济补偿，且这种经济补偿是以发展权为核心的多元补偿。因此，应根据4号文件精神，既要考虑经济成本，更要考虑发展权的补偿，综合考虑补充耕地成本、资源保护补偿和管护费用等因素，制定省域内补充耕地指标调剂价格；综合考虑补充耕地成本、资源保护补偿、管护费用及区域差异等因素，制定跨省补充耕地资金收取标准。

（四）推行农村宅基地有偿使用和回归耕地占补责任主体，激励农户珍惜耕地

尽管农民建房的户均用地面积小，但点多面广，特别是一些地方形成了占用自家承包地建房的习惯，同时，农民建房的经济调控手段缺乏，导致长期以来农村建房面积及其占用耕地的比例居高不下。

当前，农村宅基地无偿使用已成为制约宅基地利用效率提升的一个主要瓶颈，特别是不需要履行耕地占补义务，使农户建房在选址上几乎不考虑耕地保护。因此，必须推行农村宅基地有偿使用，回归农户建房占用耕地的补充责任主体，依法履行耕地占补义务，从而激励农户在建房中节约用地、减少对耕地的占用。当然，各地的宅基地有偿使用标准和耕地开垦费，应根据当地的经济发展水平、耕地资源的紧缺程度、耕地补充成本、耕地管护费用等多种因素确定。对于经济困难的农户，可以允许其申请减免宅基地使用费和耕地开垦费，但必须经过相应的程序给予审批。

（五）重视新增耕地的地力培育与后期管护，创新农田公共基础设施的维护机制

面对现有耕地都存在抛荒的现实，要落实生产能力并不高的新增耕地耕作主体并不容易。同时，在家庭承包责任分田到户的情况下，通过土地整治提质的成片耕地，由于公共基础设施维护机制的缺失，提质改造实现的粮食产能提升效果往往大打折扣。

因此，对于新增耕地，要把地力培育、后期管护与落实耕作主体结合在一起，特别要客观看待"三权分置"基础上"经营权"的现实价值，不仅不能收取耕地租金，还应给予经营者适当的耕地地力培育费用，当然必须确定相应的地力培育目标；对于提质改造的项目区，则要创新农田公共基础设施的维护机制。不少地方的实践证明，结合新型现代农业经营主体的培育，是落实新增耕地耕作主体和创新农田公共基础设施维护机制的有效办法。例如，江西省龙南县的晨龙千亩制种基地，就巧抓土地整治机遇，将经营权流转与育种基地建设相结合，成功流转了1237亩耕地，建成了标准田块，实行了机械化，并与袁隆平农业高科技股份有限公司建立了稳定的合作关系，很好地解决了耕作主体和农田公共基础设施的维护问题。

# 耕地占补应坚持"以质抵量"的产能平衡*

《国土资源部关于改进管理方式切实落实耕地占补平衡的通知》（国土资规〔2017〕13号），提出"按照补改结合的原则，实行耕地数量、粮食产能和水田面积三类指标核销制落实占补平衡"，通过"三库一平台"（数量库、粮食产能库、水田库和管理平台）、"算大账"形式，强化县（市、区）政府的耕地占补平衡管理，即要同时实现耕地数量、粮食产能和水田的占补平衡。这种极其严格的耕地占补平衡落实要求，能彻底改变"占优补劣"的突出问题，但也存在一定的潜在危害，其可操作性值得商榷。耕地占补平衡还是应坚持"以质抵量"的产能平衡。

我国正步入城镇化、工业化的快速阶段，各项建设不可避免地要占用一定的耕地资源。耕地作为稀缺资源，并不能随意"创造"，就像稀土矿一样，总不能要求矿主开采多少稀土，就要补充多少稀土资源？要长久实现耕地占补的数量平衡在理论上就是一个伪命题。"上有政策，下有对策"，为了争取新增建设用地的顺利报批，完成耕地占补平衡的数量要求，地方就会千方百计地去增加耕地数量，从而导致违背生态规律的土地开发行为。而推行的"以质抵量"的产能平衡，其有严谨的科学性支撑，不仅可以有效地控制耕地的开发行为，而且能促进地方加大耕地的质量建设力度，策应着新时代的质量兴农战略。

一是符合耕地占补平衡政策的本质要求。耕地占补平衡政策是针对我国人多地少、人均耕地占有低的基本国情，按照"占多少、补多少"的原则，要求非农建设单位或个人，补充与所占耕地生产能力相当的耕地，以维持全国耕地农产品生产能力的平衡，实现"确保谷物基本自给、口粮绝对安全"战略目标。耕地占补平衡的实质就是耕地农产品生产能力的平衡，即产能平衡。在具体的运用中，建设占用耕地的产能由耕地数量和单位面积产能组成，即占用相同数量的耕地，需要补充的产能还取决于耕地质量（单位面积产能），这样能促使建设单位少占耕地且尽量不占优质良田。而耕地产能补充同样由实施提质改造的耕地数量和单位面积产能提升额度组成，开展提质改造的耕地面积越多、产能提升额度越

---

\* 本文曾刊发于《土地科学动态》2018年第1期。

大，其产能补充量就越大，这样能促进地方政府加大耕地提质改造的力度。当然，"以质抵量"的产能平衡并不排斥合理的耕地开发，但若开发出的耕地质量差，其能用于占补的产能很低，就失去了开发价值。

二是符合实施藏粮于地的战略需求。藏粮于地、藏粮于技是现阶段确保国家粮食安全，把中国人的饭碗牢牢端在自己手中的战略选择。其中，藏粮于地是面对国际粮食价格的冲击、国内外市场粮价倒挂的宏观环境，确保耕地生产能力的新思路。国家适时提出耕地轮作休耕制度，耕地的粮食生产能力还在，并且土地休耕后还可提高地力，让农田休养生息就等于把粮食生产能力储存在土地中。实际上，农村也确实存在耕地抛荒的普遍现象。难怪基层国土人员把耕地开发归纳为一件"农民不解、部门责备"的难事：农民不理解，为什么现在耕作条件好的耕地都没有人耕种，还要开发那些耕作条件更差的耕地；林业部门、水利部门也常常指责国土部门有"毁林造田、围滩造地"破坏生态之嫌，的确，如何落实新开发耕地的耕作主体，也成为基层政府的一件难事。而推行"以质抵量"的产能平衡，则把耕地补充内容放在对现有耕地的提质改造上，而不鼓励对未利用土地的开发利用，这符合国家当前实施藏粮于地的战略需求。

三是符合生态文明建设的内在需求。生态文明建设的核心就是人与自然和谐发展、共生共荣。良好的耕地生态系统是维持生产、生态、社会等基本功能的前提，不仅要为人们提供健康安全的农产品，还要为社会提供丰富的农田耕作传统文化、开放空间、农村独特景观、生物栖息、空气与地下水的净化等，因此耕地的生态保护才是耕地保护的核心。而良好的生态系统必须依赖系统的生物多样性（包括动物、植物、微生物），这是因为生物多样性是生态系统中能量循环和物质转换的基础，耕地生产能力的自我恢复能力依赖系统内生物种群之间物质与能量转换途径及频度的调整。耕地生态系统生物多样性的维持，又必须建立在区域景观格局的异质性上，应保留一定面积的坑塘水面和林地、草地等非耕地，从而给青蛙、蚯蚓等生物留有栖身之地，以及化肥农药使用时的逃生通道和避难场所。而在追求新增耕地面积的目标导向下，人们往往把区域内的零星坑塘水面和林地、草地等非耕地都开发成了耕地，在改变区域用地类型的异质性的同时，破坏了局部小气候环境，影响了生物多样性。而"以质抵量"的产能平衡，则可有效抑制对新增耕地数量的过分追求，既能减少农田整理中对坑塘水面等非耕地的开发，也可以减少不符合生态规律的未利用土地的盲目开发，从而促进人与自然和谐共处，推进生态文明建设。

四是不会动摇我国耕地数量的根基。确保一定数量的耕地面积是保障国家粮食安全的根本。那么，取消了耕地占补的数量平衡要求，单纯的"以质抵量"会不会动摇我国耕地数量的根基？事实上这种担忧是多余的。这是因为，我国已建立了一个完整的耕地保护政策体系，其中永久基本农田制度是核心政策，并在此基础上，还要加快划定和建设粮食生产功能区、重要农产品生产保护区，这才是确保我国耕地数量的"压舱石"。我国针对永久基本农田制定了一系列具体保护措施，实行特殊保护制度，并执行严格的等量补划要求。例如，《中共中央 国务院关于加强耕地保护和改进占补平衡的意见》（中发〔2017〕4号）明确规定：一般建设项目不得占用永久基本农田，重大建设项目选址确实难以避让永久基本农田的，在可行性研究阶段，必须对占用的必要性、合理性和补划方案的可行性进行严格论证，通过国土资源部用地预审；农用地转用和土地征收依法依规报国务院批准。严禁通过擅自调整县乡土地利用总体规划，规避占用永久基本农田的审批。对经依法批准占用永久基本农田的，缴费标准按照当地耕地开垦费最高标准的两倍执行。目前，全国已经划定了永久基本农田15.5亿亩，并全部落到实地地块，明确了保护责任，实现了上图入库。这15.5亿亩永久基本农田已为确保我国耕地基本数量提供了坚实的保障，"以质抵量"的产能平衡丝毫撼动不了这个基础。

五是有利于推进乡村振兴。"以质抵量"的产能平衡，能够夯实农业地区的生产基础，并获得资金支持，推进乡村振兴。一方面，可有效引导各地耕地补充工作的重心从追求新增耕地数量转向对现有耕地的提质改造上，加快中低产田改造、高标准农田建设，这与我国新时代提出的"大规模推进农村土地整治和高标准农田建设，稳步提升耕地质量"的战略选择相互策应，进而改善农业生产条件，促进产业兴旺。另一方面，通过高标准农田建设实现的耕地新增产能可以跨区域调剂指标，其获得的经济收益可用于支持农村社会经济发展，从而为乡村振兴注入财力支撑。

# 当前农村土地整治工作面临的问题及建议*

开展农村土地整治可以盘活存量土地、强化节约集约用地、适时补充耕地和提升土地产能，为乡村振兴注入生机活力。江西农业大学调研组对江西省农村土地整治工作进行了实地调研，发现还存在一些制约推进土地整治项目的消极因素，应引起重视。

## 一、制约地方开展土地整治积极性的主要因素

### （一）农民思想上存在误区，积极性不高

土地整治项目一般涉及众多农民的承包地，尽管农民对耕种收入增减看得很淡，但对土地承包经营权异常在乎，因此在思想上对土地整治项目存在误区和担忧：一是担心私有财产受损。自第一轮土地承包经营权分配以来，集体土地一直分户承包使用，尤其经确权登记后，大多数农民已将耕地、山林、宅基地等视为私有财产。农民担心土地整治后，原来各地块之间明晰的四至变得模糊，自己的利益得不到保障。二是封建迷信思想作祟。部分农民认为"拆祖屋会破坏风水"，建新屋后仍不愿对废旧宅基地进行整治复垦。三是"钉子户"思想作祟。一些农民认为多闹多得，对土地整治项目占用土地提出过高补偿，得不到满足就蓄意阻工。

### （二）牵涉面广、手续烦琐，工作推进难度大

一是土地整治涉及千家万户，矛盾纠纷多，协调难度大。整治项目所占用的农民承包地的面积、耕地肥力等不尽相同，基层政府在协调处理农民利益分配上要花费很大精力。此外，由于大量农村人口外出务工，很多土地整治项目因找不到业主沟通协商而无法施工。二是土地整治审批严格、手续繁多，需要耗费较多时间精力。例如，农田整治项目获批后，往往因形势变化要对整治内

---

\* 本文曾刊发于《参阅信息》2018年第33期，参加调研的还有刘桃菊、洪土林。

容进行修改变更并重新报批，而项目最佳施工期只有冬闲时的短短 2~3 个月，其很有可能因为重新报批而错过最佳施工期，最后不得不搁置或延后实施。又如，国土部门实施的土地整治项目竣工验收前必须先出具财政、审计部门的审查报告，且材料很复杂，而其他项目一般是验收后再出具审查报告。此外，项目后续监管任务重，跟踪落实难。例如，国土部门通过"增减挂钩"复垦新增的耕地，还要落实耕作主体，确保土地常年得到耕种，但乡镇政府没有富余人手进行跟踪落实。

（三）土地整治相关要求过于机械，与现实情况不匹配

一是技术规范存在机械僵化问题。现行的土地整治技术规范与实际需求脱节，操作性不强。例如，高标准农田建设技术规范规定的丘陵山地、滨湖平原或盆地建设内容雷同，田、沟、路、林、渠的空间布局千篇一律。而山区土地耕作层薄，只有 30cm 左右，不宜进行大规模的田块平整，一些项目由于严格遵循施工规范，追求田块平整标准，使用大型推土机械入田施工，破坏了犁底层，沙石上翻，漏水漏肥，水田变旱地，常规农田成了"高标准低产田"，农民意见很大。二是项目建设立项规定脱离实际。例如，根据《江西省高标准农田建设规范（试行）》及其相关规定，高标准农田建设应集中连片，其中山地区要求集中连片 100 亩以上。但实际上，江西省很多山区县，100 亩以上的成片耕地并不多，加上近几年国土资源、农业、粮食、农业开发办公室等部门已对不少集中连片的耕地区进行了整治，真正符合立项要求的项目区已经不多，这也是很多地方抱怨上级下达的高标准农田建设计划过多的一个主要原因。三是新增耕地要求与生态保护之间存在矛盾。例如，在高标准农田建设中，一方面，在耕地占补平衡的压力下要求增加耕地面积；另一方面，又要求保护区域生态环境，不填塘、慎砍树、禁挖山。而实际上，尽管土地整治通过裁弯取直减少了田埂面积，但新建的田间生产道路与沟渠难免占用一定耕地，若不填塘或垦荒，项目区的耕地面积很可能有减无增。

# 二、对策建议

（一）充分激活农民热情，破除工作阻力

将农民合法利益整体不受损作为开展土地整治的底线和要求，创新方式方法，打通农民心理顾虑和症结，赢得支持，形成工作合力。一是强化宣传推介，发挥典型的示范引领作用。例如，瑞金市叶坪乡田坞片实施 16 个土地整治项目，

对 6 个行政村 3.15 万亩土地进行综合整治，复垦新增耕地 200 余亩，有力促进了产业兴旺、农民脱贫致富。这些成功范例，应及时总结推广，发挥好示范作用。二是构建良好的信息沟通和问题化解机制。在立项与规划设计过程中，应与农户充分沟通，听取农户意见，争取农户支持。例如，大余县新城镇早期探索土地整治过程中，曾出现部分群众不配合，甚至毁坏新建农田设施的情况。该县有关部门和项目业主单位及时调整思路，主动与农民沟通交流，解开了农民心中的"疙瘩"，使项目得以顺利推进。周边村民看到了土地整治的效果后，主动申报项目的积极性高涨。同时，要积极依托村民事务理事会、农民专业合作社及农民土专家等民间力量，推动工作开展。例如，崇义县长龙镇葫芦村针对土地整治专门成立理事会，并安排 40 元/亩的工作经费，理事会成员赴外地参观示范工程后，逐组开会、逐户宣传，给农民吃下"定心丸"，破除了土地整治阻力。

（二）完善配套制度，提升土地整治"加速度"

一是鼓励经营权流转。调研发现，高标准农田建设推进顺利的地方，毫无例外都实行了经营权流转，有的地方还将经营权流转与新型农业经营主体培育结合起来，有效防止了整治地块碎片化。例如，修水县黄溪村探索"确权确股不确地"（确权不确地、分红按人头、补贴归原户、组级管理、村级整包）的承包地经营权流转模式，取得明显成效。龙南县晨龙千亩制种基地将经营权流转与育种基地建设相结合，成功流转了 1237 亩耕地，将其建成标准田块，实现机械化耕作，并与袁隆平农业高科技股份有限公司建立稳定合作关系。二是创新宅基地的使用和退出制度。我国农村宅基地使用是一项具有一定"福利"性质的制度安排，在实施村庄整治、闲置宅基地复垦等土地整治项目时要坚持"公平"与"效率"相统一，探索既符合农民利益又具有操作性的办法。例如，余江区在落实"一户一宅"政策时，不是简单地拆除超面积建筑，而是运用经济杠杆进行调节，得到了农民的广泛支持。同时，积极探索跨村集体经济组织的宅基地使用制度。随着一些区位差、自然资源禀赋低、居住人口少的自然村庄的消亡，"迁村并点"成为农村社会发展的一个趋势，当前局限于本村集体经济组织成员的宅基地使用制度与这一趋势不符，建议在坚持农村宅基地所有权、资格权、使用权"三权分置"改革方向下，探索跨集体经济组织的宅基地使用制度。三是改革规划设计方案的编制与审批方式，简化竣工验收程序。建议推行施工设计总承包的 EPC 模式，即设计、施工一体化，减少推诿扯皮，同时推行规划设计方案的现场评审，简化竣工验收程序，减轻地方工作负担。

（三）允许地方结合实际，灵活运用政策

一是根据地形地貌因地制宜实施项目。建议把山区高标准农田建设的连片规模调整为 30 亩，同时谨慎推行平整工程，不宜盲目追求"小块变大块"的田块规整化。例如，崇义县在实施上堡乡赤水村等 6 个村的土地整治项目时，对上堡核心梯田景区，不机械套用技术规范，不进行"小块变大块"，维持梯田景观不变，重点进行配套水利设施建设。对高标准农田不推行统一标准，在客家梯田系统"申遗"过程中，得到联合国粮食及农业组织专家认可。二是鼓励农业经营主体自主开展土地整治。调研发现，现代农业经营主体存在开展农田整治的需求，一些现代农业经营主体也自行投资开展了高标准农田建设等农田整治工作，建议在符合项目建设标准的情况下，允许地方政府将这部分已建成的项目纳入当地的土地整治任务之中，并按规定给予奖补，以达到既实现土地整治目标任务又减轻地方压力的双重效果。

# 农村新业态新产业用地保障的几点思考*

产业兴旺是乡村振兴的重点与基础，产业兴才能乡村兴，经济强才能人气旺，而乡村旅游、休闲农业、农村电商等新业态新产业是实现产业兴旺的重要支撑。因此，如何适应新业态新产业的发展需求，为农村三次产业融合发展提供用地保障，是新时代创新农村产业用地政策的当务之急。下面是在"农村新业态新产业用地保障"专题调研的基础上，形成的六点思考。

**1. 科学界定农村新业态新产业的内涵与分类，并加强规划引导**

虽然农村新业态新产业是现阶段的一个热词，但调研中发现人们很难明确什么是新产业，什么是新业态，目前新业态新产业的概念及内涵尚未有一个清晰的界定。依据《辞海》，产业是指由利益相互联系的、具有不同分工的、由各个相关行业所组成的业态总称。显然，产业是一个由众多业态组成的集合体，业态只是产业的一个组成成分。媒体大量报道的"休闲农业"、"乡村旅游"和"农村电商"应属于农村新产业，而农业观光采摘园、农业科技游、民俗风情游、古民居和古宅院游、农家乐、农业博览园、民宿、乡村酒店等应是休闲农业或乡村旅游新产业中的新业态，但该如何划分休闲农业和乡村旅游，把休闲农业和乡村旅游合并为同一类新产业？因此，相关部门应对当前农村新业态新产业有一个明确的界定与分类，并根据各类新业态新产业的特征提出相应的用地保障需求，国土部门则针对各类新业态新产业的特征，分类规定用地标准和用地保障方式。另外，各地应根据市场发展预测，结合区域资源禀赋、区位条件，在完成农村居民点体系规划的基础上，科学制定本地的新业态新产业发展规划，引导其健康发展，从而避免各类新业态的遍地开花、无序恶性竞争，确保用地的利用效益。调研中发现个别地方借发展新业态新产业之名，建设一些形象工程，这些形象工程只是一个赶时髦的"盆景"项目，实际效益很低，这也是一种土地资源粗放低效利用的形式。

**2. 农村新业态新产业的用地保障制度创新应坚持"两个最严格"**

"坚持最严格的耕地保护制度，实行最严格的节约用地制度"是我国土地管

---

\* 本文曾刊发于《土地科学动态》2018年第2期。

理的基本要求，在农村新业态新产业的用地保障制度创新中，同样应坚持这"两个最严格"。当前，我国农村建设用地粗放利用的状态日益加剧，已成为农村土地资源管理中的迫切需要解决的一项任务，应利用新业态新产业的发展机遇，扭转这一局面，不断提高农村建设用地的集约节约利用水平。因此，新业态新产业发展的建设用地需求应立足于对现有建设用地的挖潜，坚持建设用地总量不突破的原则，鼓励采用"增减挂钩"的思路，解决建设用地的区位问题，但涉及耕地的占补，必须严格按新时代的占补政策执行，即数量、质量、生态的全方位占补，确保耕地保护基本国策得到贯彻。调研中发现，在"增减挂钩"试点工作中，不少地方对于耕地的占补完全停留在数量的平衡上，一些复垦的耕地是房前屋后的零星地块，甚至是"开天窗"（四周都是房屋），这些耕地只能用于庭菜地，而新增建设用地占用的耕地以良田为主。另外，对于临时建设用地或农业设施用地，则应尽量不破坏耕作层，少使用水泥硬化，以保留耕地生产的基本功能。调研中发现一些值得推广的做法：不直接在地面上建设，而是利用几根支撑架空建设，保留耕地现状，或者用砖块覆盖。这样只要拆除框架以上的构筑物或砖块就可完全恢复成原有的耕地。因此，不仅要推广节地技术，还要鼓励采用耕地保护技巧。

**3. 完善土地用途管制制度，推进村土地利用规划**

农村新业态新产业用地具有明显的功能复合性和三次产业融合性，如休闲农业、乡村旅游把服务业和农业进行了融合，农村电商则把服务业、农产品加工业、农业进行了融合，"农家乐"则包含了民宿、餐饮、农业观光游等多个业态，我国现行的土地利用规划中制定的土地用途分类体系无法适应这些要求。一方面，目前土地用途分类体系主要基于传统的三次产业分类体系，没有考虑土地利用的复合性；另一方面，农村新业态新产业具有明显的地域性特征，全国统一的土地用途分类体系满足不了各地千差万别的新业态新产业用地需求。所以，应改革现行的土地利用规划用途分类体系。首先要体现层次性，土地利用规划越高，分类越粗；层次越低，分类越细。根据国家级、省（自治区、直辖市）级、市（地区）级、县级、乡（镇）级、村级土地利用规划，土地利用规划用途分类从宏观到微观，从系统到具体。其次要体现地域性，应允许乡（镇）级、村级土地利用规划在国家统一的用途分类体系中进行合并或进一步细分，并制定相应的用途管制规则。因此，应根据《国土资源部 国家发展改革委关于深入推进农业供给侧结构性改革做好农村产业融合发展用地保障的通知》（国土资规〔2017〕12号），尽快推进村土地利用规划。通过村级规划的编制，因地制宜地确定当地的土地用途体系用管制规则，统筹农业农村各项土地利用活动。

**4. 加强土地利用的风险评估，强化土地利用监管**

实施乡村振兴战略，是新时代"三农"工作的总抓手，乡村振兴既是一场攻坚战，更是一场持久战。乡村振兴提出的"产业兴旺、生态宜居、乡风文明、治理有效、生活富裕"总目标，是一个有机整体。农村新业态新产业发展创新用地制度，应在促进产业兴旺的同时，与乡村振兴战略的总目标保持一致，这有利于实现其他四个目标。因此，应结合生态文明建设的要求，加强农村新业态新产业发展中土地利用的风险评估和土地利用监管，不仅包括生态风险，也应包括对区域耕地生产基本功能损害的风险，还应包括对传统建筑与文化的破坏风险。例如，开在现代农业园中的大型餐饮，这种曾经在沿海地区流行过一段时间的业态，由于影响周边农村环境而纷纷消失，如今却在内地部分地方悄悄兴起，这类业态必须避免生活污水直接排放导致的污染农田。而乡土文化是乡村的灵魂，在新业态新产业发展的用地配置上，应注重对当地农村原生态乡土文化的保护、挖掘、继承与创新，包括具有历史价值、地域风情的各类建筑物、构筑物，以及丰富的农耕文化，从而留住乡愁。

**5. 加快农村土地使用制度的改革步伐，规范用地行为**

之所以当前农村新业态新产业发展用地保障是一个社会关注的问题，是因为现行农村土地使用制度难以适应实际的需求，地方国土管理部门迫于没有供地的具体政策依据，"依法用地难度大"，农村土地使用制度急需进行改革与创新。例如，开办小型的农产品加工坊从事电商，其用地属性为经营性建设用地，但又保留集体用地的产权，这就涉及当前的农村"三块地"改革中的经营性集体建设用地入市问题；而利用自身的宅基地发展"农家乐""民宿"，包含住宿、餐饮、停车场等旅游接待服务，既涉及经营性集体建设用地管理，又涉及宅基地的超标使用问题，类似的情况很多。尽管《国土资源部 国家发展改革委关于深入推进农业供给侧结构性改革做好农村产业融合发展用地保障的通知》针对农村三次产业融合发展的用地保障，明确了要安排一定比例年度土地利用计划，专项支持农村新产业新业态和产业融合发展。但相对于复杂的现实需求，其可操作性并不强，如涉及永久基本农田保护区的农业设施用地如何安排？因此，应进一步加快农村土地使用制度的改革步伐，形成相应的农村土地使用制度，从而为农村新业态新产业发展用地的供给提供政策依据。

**6. 土地整治是提升农村新业态新产业用地保障能力的重要抓手**

土地整治作为改善土地生产条件和生态环境、优化土地利用结构的工程技术措施，在提升土地要素对农村新业态新产业用地的保障能力上同样具有积极的作用。实践也充分证明，土地整治在保障农村新业态新产业用地中表现出强大的生命力。例如，瑞金市叶坪乡，2014年以来先后实施了16个土地整治项目，农田整治、村庄整治综合推进，承包地经营权整片流转，为新业态新产业发展提供了强有力的用地保障，建成了4000亩供港蔬菜基地，3000亩大棚蔬菜基地，2000亩优质稻生产供应基地，1100亩生态观光园及农业体验园，组建了江西省第一家农村合作联社，形成了"公司+合作社+基地+农户"的现代农业发展模式；赣县通过土地整治项目实施，不仅彻底解决了发展甜叶菊产业的用地保障，还结合环境整治，打造了集摄影观光、民俗旅游、果蔬采摘等于一体的乡村生态旅游产业；于都县梓山镇利用土地整治项目，打造出了一个集蔬菜科技产业园、农事体验、休闲度假、观光旅游于一体的田园综合体。总结各地的实践探索发现，要提高土地整治对农村新业态新产业用地的保障能力，必须做到以下几个结合：一是土地整治的规划设计应与产业发展需求相结合。由于新业态新产业有其自身的用地需求，在土地整治规划设计时应充分考虑其具体要求。为此，一些地方提出，现代农业企业结合产业自身要求开展的土地生产环境建设，也应列入土地整治范围，采取"先建后奖"形式给予奖励。二是土地整治一定要与经营权流转相结合。适度规模经营是现代农业生产的客观要求，也是生产力发展的经济社会规律，必须通过经营权流转来解决家庭联产承包责任制分散承包与现代农业适度规模经营的矛盾。不少地方在土地整治项目实施后采取"确权确股不确地"方式，实现了经营权的集中流转，既维护了农民的土地权益，又推进了农业现代化、集约化、规模化发展。三是工程整治措施与配套政策的创新相结合。土地整治对农村新业态新产业用地的保障，不仅仅是工程技术问题，还是一个制度创新问题，特别是如何充分调动众多农户参与土地整治的积极性，以及构建项目实施的长效机制，应作为土地整治实践中重点要解决的任务。

# 宅基地制度改革须处理好五对关系[*]

改革宅基地制度，建设"生态宜居"的现代化农村，不仅仅是让农民"安居乐业"的朴实需求，也是实现乡村振兴战略的内在要求。而宅基地制度改革是一项复杂的系统工程，涉及村民的基本居住保障、土地资产盘活与利益分配、人口的聚集与村庄布局调整、生活基础设施的配置建设等诸多内容，在具体改革创新中，必须抓住关键所在，科学处理好核心问题，下面主要结合江西省余江区的宅基地改革调研，阐述几个观点。

## 一、"迁村并点"与创新宅基地跨集体经济组织使用

"迁村并点"是农村社会经济发展的必然趋势。随着社会的发展与技术的进步，特别是交通条件的改善，农村生产半径迅速增大、社会分工协作的范围不断扩大，且农民生计的分化导致农业生产已不再是农村社会的最主要功能，子女教育、非农就业环境、医疗保障等社会服务成为农村社会的需求，而生活基础设施配套的人口聚集规模内在需求，导致"迁村并点"成为当前农村社会发展的一个潮流，传统的"沿路而建、临水而居、依田而住"的散乱的农村宅基地布局已不利于现代的发展。在宅基地制度改革中，必须顺应"迁村并点"的发展潮流，重视区域层面的土地利用结构优化。调研中发现，一些自然村在前些年的新农村建设中推行了"三改"（改水、改厕、改路），但由于居住人口不断减少，逐渐成为"空心村"，硬化的道路反而增加了拆旧成本。因此，应通过区域农村居民点体系规划，明确不同类型、不同层次的居民点布点，确定区域配套公共服务设施、基础设施、产业发展与分工协作、生态环境保护，甚至包括历史文化的传承与保护，从而为"迁村并点"提供依据。

"迁村并点"必然涉及宅基地跨村集体经济组织使用。现行宅基地仅限于"本村集体经济组织成员使用"的规定已成为"迁村并点"的制度约束，因此，应创新宅基地跨村集体经济组织使用，清除"迁村并点"中的农户建房用地障碍。至于跨农村集体经济组织使用的范围有多大，可以在制度设计中，对本村、

---

[*] 本文曾刊发于《土地科学动态》2018年第3期。

本乡、本县的农村人口进行区别（如本村可无偿获取"一户一宅"的宅基地，外村本乡的应交纳一定的使用费，外乡本县则交纳更多的使用费，调研中也发现，已有一些地方，通过村理事会讨论，采取差别化的有偿使用方式吸纳外村人入住以形成人口聚集规模，成为美丽乡村建设的成功典范）。当然，针对取消城乡户口区别的户籍改革，如何界定农村宅基地获取资格，则需要对农村宅基地的使用主体进行同步研究。

## 二、政策引导与村民自治

宅基地使用是一个涉及面很广，社会敏感度很高的事情，既需要在基本原则上做出严格的刚性要求，也需要在具体执行中体现不同的地域特色，尊重当地的民俗民风和村民自治，客观上要求"刚性"与"弹性"的有机结合。江西省余江区宅基地改革中取得的一项成功经验就是实行"政府引导，村组主导，农民参与"的工作机制，从而确保了工作的顺利推进。"政府引导"即地方政府是引导者，主要职责是确定试点总体方案，制定相关政策制度，明确"集体性质、村为基础，户有所居、取退有偿，严格规划、坚持标准，只做减法、不做加法（宅基地用地面积只减不增），公平公正、利国利民"的改革纲领；"村组主导"即坚持村民自治原则，把农村集体经济组织（村小组）作为改革的运行主体，由村民事务理事会主导宅基地管理议事机制、民主监督机制、财产管理机制、服务群众机制和调处矛盾纠纷机制，实行改革试点的"一村一案"，本村的宅基地分配方案、宅基地增值分配方案、宅基地有偿使用的起征面积与标准等具体改革内容均由村民事务理事会制定；"农民参与"即充分尊重村民的主人翁地位，保障农民的宅基地权益，各村改革试点方案中的每项内容都必须广泛征求群众的意见，并经过村民会议或村民代表会议讨论决定。

调研中，对于心怀"落叶归根""解甲归田"的回乡乡贤，能否为其提供宅基地使用权，一直是困扰各地农村土地管理的"合情不合法"难题，由于他们的户口已迁离农村，在现行的法律规定下，他们不能拥有宅基地，但他们退休回到自己出生的家乡，很多人还曾经为家乡的建设做出贡献，情理上应有居住的地方。现在这一难题有望破解，随着国家对宅基地所有权、资格权、使用权"三权分置"改革方向的明确，这些具有城镇户口的乡贤，虽然没有宅基地的资格权，但可获得使用权，至于哪些乡贤可获得宅基地使用权，具体该如何获得使用权，则可根据村民自治的形式集体讨论决定，这就是政策引导与村民自治有机结合的好处。

## 三、福利保障与宅基地的资产化

我国现行的限定身份、无偿使用的农村宅基地取得制度，具有鲜明的身份性和福利性，在保障农民的基本居住条件、维持农村社会稳定方面具有特定的功能。在现阶段农村社会经济发展水平下，宅基地取得制度仍然是对农民居住权利的有效保护。然而，这种无偿使用并不利于促进土地资源的节约集约利用，更不利于宅基地的资产化，特别是不利于实现"慎重稳妥探索农民住房财产权抵押担保中宅基地用益物权的实现方式和途径"的改革目标。在本质上，这就是宅基地利用中"公平"与"效率"的冲突。

那么，如何在宅基地改革中协调"公平"与"效率"的关系？一方面，要强调"公平"取得与占有。"公平"取得就是坚持同一身份的人群，取得宅基地的过程应一致；"公平"占有就是占用的宅基地资源数量应一致。从理论上看，我国已明确了"一户一宅、面积法定"的宅基地使用基本原则，为宅基地利用"公平"与"效率"的协调提供了依据。但由于"农村宅基地'一户一宅'管理实施细则"的缺失，"一户一宅、面积法定"政策不具可操作性。如何界定"户"？农户通过接受赠予、合法继承、合法购买房屋取得的宅基地，造成的"一户多宅"，该如何处理？建新不拆旧的农户如何处置？旧宅基地又该如何处置？特别是多占宅基地的留置成本几乎为零，在一定程度上也加剧了"一户多宅"现象。另一方面，要鼓励有偿流转，盘活低效闲置宅基地。只有通过流转，才能优化资源配置，才能实现宅基地的资产化。余江区的宅基地改革，一方面通过制定系列"一户一宅"配置政策，为确保农户宅基地的"公平"取得与占有提供了具体的政策依据；另一方面通过超起征面积实行阶梯式计费，鼓励通过协商在本村组内符合建房条件的人员中有偿流转宅基地，利用经济杠杆来调节宅基地资源的分配。目前，余江区的宅基地改革已取得了明显成效。

## 四、利益得失与村民改革获得感

广大村民的支持是农村宅基地制度改革推进的基础，任何缺乏农民真心拥护的农村改革都难以长久维持。而"改革的本质就是利益调整"，宅基地改革也必定涉及相关主体的利益调整。现实中，因各种历史原因多占宅基地的农户往往占多数比例，在坚持"一户一宅"政策的前提下展开的宅基地改革，必定会对他们的现有利益产生影响，特别是"祖房祖宅是私有的"观念，加深了农户因宅基地改革而导致利益受损的感受。有"失"就必须有"得",且"得"应大于"失",这样才能获得这些农户的支持,而这个"得"就是改革获得感。

那么,如何增加村民的改革获得感?在宅基地改革中,生活环境的改善和基础设施的建设往往是增加村民改革获得感的最好路径。调研中发现,余江区宅基地改革尤其得到年轻人的支持,究其原因,是因为改革中他们的改革获得感最强:改革以前,每逢过年过节,外出打拼的村民满怀自豪与喜悦开车回家,进村后却发现,汽车带来的不是便利,反而是麻烦,停车难、会车更难;卫生环境问题也是一个影响农村生活环境的"顽症","脏、乱、差"几乎成为村庄的代名词。现在通过宅改,统一规划改变了杂乱无章的房屋布局,修建了村庄道路,改善了卫生环境,村民生活便利多了。不少村民提到,宅改后"这里既有便利的现代生活条件,又可享受农村清新的空气与优美的乡村风光",言语中流露出满满的改革获得感。

## 五、宅基地有效利用与农村社会经济的整体发展

宅基地改革自身是个复杂的系统工程,但也是农村社会经济发展这个更高层次系统工程中的组成成分。因此,宅基地改革不能仅仅局限于土地资源利用效益的提升和"生态宜居"农村生活环境的建设,还要有助于农村社会经济的整体发展,促进"产业兴旺、乡风文明、治理有效、生活富裕"其他四个乡村振兴目标的实现。只有坚持系统思维的宅基地改革,才具有生命力,才能受到社会各界的认可。

余江区宅基地改革,就形成了"一改促六化"的整体改革思路,即以纵深推进农村宅基地制度改革试点为主抓手,结合新农村建设,严格"一户一宅"面积标准,完善生活基础设施,促进"基础设施标准化"、"公共服务均等化"和"村庄面貌靓丽化";通过闲置宅基地的复垦增加耕地面积,结合耕地经营权的流转,促进"农业发展现代化";通过严格"一户一宅"制度和推行"超面积有偿使用",协调宅基地利用中的公平与效率,带动村俗民风的好转,促进"农村治理规范化";规定提供城镇有房居住证明的农民可全部退出宅基地,同时可保留一定时期的宅基地使用资格权,如在15年内无能力继续留在城镇生活,可凭退出宅基地证书回村重新申请宅基地,这种做法妥善地解决了外出务工经商农民的后顾之忧,推进了"转移人口的市民化"。同样,江西省万年县白云村以"拆'三房'建'三园'"(拆空心房、危旧房、违章房,建菜园、果园、花园)开展宅基地改革,落实"一户一宅,面积限标"制度,这也是系统思维的体现。

全村在拆除54处"三房"、拆除面积超3000m²的同时，道路"白改黑"9976m，空地及河堤绿化超20 000m²，建设了河堤游步道、村口大桥、洗衣码头长廊、休闲广场、路灯、儿童农耕体验地，引入了总投资6000万元，集生态、休闲、体验于一体的"白云人家"综合型农业项目，在耕地上发展稻蛙、稻鸭共养，山地上发展鸡、羊生态养殖，把宅基地改革与产业培育、村民就业有机地结合在一起，获得了社会各界的充分认可。

# 改革开放以来我国耕地利用变化及其展望*

农村土地家庭联产承包责任制的推行是我国农村开放一个重要标志，其实质就是耕地利用方式的改变。但随着社会的发展，家庭联产承包责任制分散承包与现代农业规模经营之间的矛盾日益突出，同时，伴随着工业化和城镇化的推进，农户兼业化程度加剧，农户的经济收入日益转向非农产业，耕地不再是农户的最根本生存依赖，耕地利用方式也随之发生变化。

## 一、我国耕地利用的变化

（一）耕地利用主体呈多元化趋势，但小农依然占主流

面对现代农业适度规模经营的客观要求，经营权的流转，催生了家庭农场、种粮大户（专业大户）、合作社（联户经营）、现代农业企业等多种经营主体。据报道，家庭农场、合作社、农业产业化龙头企业等新型农业经营主体已超过250万户，呈现出明显的经营主体多元化格局，但小农经营依然占主流。据第三次全国农业普查结果，1996年末、2006年末和2016年末全国农业经营户分别为19 309万户、20 016万户和20 743万户，表明农业经营户并没有因为国家鼓励规模经营而减少，但以农业收入为主的农户明显减少，如2006年比1996年减少了7.2个百分点。值得注意的是，现阶段小农户与传统小农经营不同，他们不愿意放弃自己的承包地经营权，多为兼业农户，外出打工是家庭主要经济收入来源，务农则是以满足自家消费为主，且实际农业从业人员平均年龄明显上升。

（二）耕地经营规模呈扩大趋势，但细碎化现象未得到根本性改变

在农村承包地的分配之初，为了追求绝对的公平，人为地造成了我国耕地细碎化的突出现象。尽管外出经商务工农民增多，以及国家对经营权流转的政策鼓励，在一定程度上促进了耕地经营权的流转，并相应提高了耕地的经营规模，但小农生产模式下的经营细碎化现象仍未得到根本性改变。第三次全国农业普查显

---

\* 本文曾刊发于《土地科学动态》2018年第5期，参加调研的还有赖昭豪、刘桃菊。

示，2016年年底50亩以下农户经营耕地面积占全国实际耕种耕地面积的71.4%，部分或全部转出承包地农户为6789万户，仅占承包农户的29.7%。影响经营规模的因素是多方面的，其中农户对经营权流转费用的期望过高，是一个重要因素。

（三）耕地经营经济效益增长缓慢，占家庭经济收益比例明显下降

尽管改革开放以来，特别是2004年后，国家大幅度增加对农业生产的扶持政策，但是随着生产资料与劳动力成本的上升，耕地经营的经济效益增长缓慢，耕地经营收益占家庭经济收益比例明显下降。据统计，在农民人均纯收入中，经营净收入占比由1985年的81%大幅度下降至2016年的38.3%，而第一产业经营净收入占比由1985年的62%降至2016的26.4%，其中种植业经营净收入占比由1985年的48%降至2016年的19.7%。从2013年开始，按新的口径统计，在农村居民人均可支配收入中，2013年、2014年、2015年和2016年来自第一产业的收入缓慢上升，分别为2839.8元、2998.6元、3153.8元和3270元，但比例却分别为30.1%、28.6%、27.6%和26.5%，在不断下降，与以打工为主的工资性收入差距越来越大。

（四）耕地的保障功能在弱化，但依然是农民"最后的生存保障"

尽管国家加大了农村社会保障制度建设，积极推行了新农合，并不断提高新农保标准、缩小城乡低保差距，且耕地的就业功能在减退，第一产业就业人数从1991年的39 098万人减少至2016年的21 496万人，绝对累计减少了17 602万人，第一产业就业份额自2003年稳定下降到50%以下后，2016年又下降到27.7%，但由于转移农民对非农就业与市民化缺乏充分的信心，他们仍然把耕地作为最后的生计退路与生存保障，不仅不愿彻底放弃承包经营权，连经营权流转也多限于短期流转。调研中发现，不少耕地流转是亲戚朋友之间的帮忙，没有正式的流转合同，甚至没有流转费用，只是保证耕地有人耕种不致荒废，以备外出打工无着落时，随时返乡自己耕种，解决最基本的生计问题。尽管小面积的承包地难以担负起实际意义的保障功能，但在农户的潜意识中，这是他们的"最后的生存保障"，承包地发挥着农户精神上的保障功能。

（五）耕地种植结构的多元化现象增加，但粮食产量平稳上升

面对人们对农产品的多样化市场需求，耕地经营的作物种类也随之不断增多，种植结构日益多元化，并表现出两大突出特点。一是粮食播种面积比例持续平稳下降，特别是"双改单"现象突出。1978年粮食播种面积占比为

80.34%，1980 年下降至 80.09%，1990 年、2000 年、2010 年分别为 76.48%、69.39%、68.38%，2016 年则为 67.83%。早稻播种面积快速下降，1978 年为 1218.920 万 hm²，1980 年下降至 1111.013 万 hm²，1990 年、2000 年、2010 年分别为 941.767 万 hm²、681.973 万 hm²、579.585 万 hm²，2015 年则为 571.480 万 hm²。二是蔬菜种植面积大幅度上升，且品种众多。1978 年蔬菜种植面积为 333.1 万 hm²，1980 年为 316.3 万 hm²，变化不大，1990 年、2000 年、2010 年分别为 633.8 万 hm²、1523.727 万 hm²、1899.989 万 hm²，2016 年则高达 2232.828 万 hm²。虽然粮食播种面积下降，但粮食产量平稳上升，1978 年为 30 477 万 t，1980 年上升至 32 056 万 t，1990 年、2000 年、2010 年分别为 44 624 万 t、46 218 万 t、54 648 万 t，2015 年则为 62 144 万 t。

综合上述表现，说明改革开放以来我国的耕地利用，总体上保障了人们对农产品不断增长的数量与多样化的需求，但并没有很好地实现耕地保障功能向资本功能的转变，突出表现为利用方式并没有随着工业化和城镇化的快速推进而产生重大的变化，特别是在耕地所有权、承包权、经营权"三权分置"的制度设计下，国家不断加大对经营权流转的激励的背景下，没有形成与现代化农业适度规模经营的利用方式，在一定程度上成为了实现农业现代化的制约因素。究其原因，主要是农村的社会保障体系还不够健全，在农民心目中，耕地依然是最根本的社会保障，当然，这也与我国长期形成的传统土地依恋情结有关，特别是源于经营权的收入在家庭经济收入中占的比例很低，不少农户宁愿抛荒，也不愿长期流转出去。

## 二、我国耕地利用的变化趋势展望

（一）耕地利用主体多元化在一定时期内存在，小农经营的地位不容忽视

我国是一个传统农业大国，农业人口基数大，2016 年年底常住农村人口接近 5.9 亿人，预计到 2030 年，农村居住人口还有 4.5 亿人。农业人口的城镇化和农业劳动力转移不可能一蹴而就，需要一定的历史过程。在未来一段时期内，我国农村小农户生产仍然是耕地的一个主要经营形态，并与家庭农场等多种经营主体共同构成耕地经营主体多元化。面对小农户在一定时期内长期存在的客观现实，必须发挥出各类农业龙头企业、合作社组织等现代农业经营主体及农业服务业在帮助小农生产并入现代农业发展轨道的重要作用，引领小农户对接市场、抵抗市场风险、实现农业产业化生产。农业服务业不仅可以为小农户提供诸如托管、代耕、代收、植保等各类服务，以利于小农户的发展，也可为农业龙头企

业、合作社组织以及其他现代农业经营主体提供服务，进而推动农业现代化进程。

值得注意的是，适度规模经营是现代农业发展的内在需求。对小农户的扶持，是一定时期内符合我国农村基本国情的客观要求，但必须顺应现代农业的发展规律，不能以固化和加强小农户在农业经营中的地位为目标，而应是逐步引导小农户退出农业经营。一是要正视农户承包地经营权的客观价值，避免过分的"收益幻想"。目前，在国内，由于媒体对"三权分置"经营权财产权益实现的过分宣传，农民普遍对经营权流转费用期望过高，对地租期望过高的直接后果就是农业经营主体因生产成本增大而难以维持规模经营，同时影响农户经营权流转的积极性。二是以"户"为单位转移替代"劳动力"转移，逐步减少小农经营户。当前以家庭劳动力外出打工而不是以家庭为单位的非农化转移，是典型的"人家两分"现象，这种现象虽然可以有效地缓解非农产业急剧变化的社会冲击，但不利于形成现代农业的适度规模，而且会产生大量的"两栖居民"，增加交通等公共负担，并引发"留守老人、留守妇女、留守儿童"等系列社会问题。

### （二）耕地利用多功能表现日趋明显，第一、第三产业融合将成主基调

改革开放以来，我国社会生产力水平得到显著提高，人们的生活水平得到了巨大提升。社会发展对耕地的需求，早已不是单单停留在"吃饱肚子"上，而是追求消费的优质化、个性化与多样化。相应地，耕地固有的食物安全保障、农耕传统文化、开放空间、农田独特生态景观、生物栖息的场所、空气与地下水的净化等丰富的社会、生态功能的非生产性功能价值会不断凸显，耕地利用的多功能表现日趋明显。耕地利用也不再是单纯追求农产品产出，而是在作物的种植品种、外观，甚至空间布局及其造型上更加讲究。从产业形态上看，第一、第三产业融合是耕地利用多功能的具体体现，即依托传统的农业生产这个第一产业，发展农业观光采摘园、农业科技游、农耕体验、农家乐、农业博览园等第三产业，综合发挥耕地的生产、农耕文化、农田景观等功能。如今，产业兴旺的乡村，绝大部分都是第一、第三产业成功融合的典范，并实现了农民的收入多元化：来自耕地经营的农产品收成的收入很少，更多收入来自依托乡村生态旅游资源的服务业或稳定的工资性收入，以及集体经济分红和承包地经营权流转的财产性收入，从而在一定程度上弥补了耕地生产经济效益偏低的缺陷。

第一、第三产业的融合，客观上需要强有力的耕地利用组织者和一定的原始建设资金投入，以及土地使用制度的创新。因此，一是要加强农村相关经济组织的建设，包括各类现代农业企业、合作社，也可以是村集体经济组织，对区域耕

地利用进行统筹规划利用，对接市场。二是要广泛吸纳社会资本的投入，特别是具有开拓市场经验的相关企业进驻乡村，在带来建设资金的同时，不断提升产业的市场竞争能力，但必须有效防止外来投资对乡村带来的环境污染或圈占土地等自然资源的投机行为。三是要创新土地使用制度，特别是针对第一、第三产业融合的复合用地需求，区域内既有生产用地和直接服务于生产的农业设施用地，也有互联网配送、物联网管理、农景园艺、品尝品鉴等设施场所建设用地，客观上要求对现行按三次产业用地分类的供地与管理政策进行创新。

（三）面对耕地资源可持续利用的压力，推行生态耕种已成必然

耕地作为人类赖以生存的最基本自然资源，维持其可持续利用是实现人类社会可持续发展的一个根本保障。然而，我国耕地资源可持续利用的形势并不乐观，尽管耕地数量锐减的趋势得到了有效的遏制，但"占优补劣"、土壤污染加剧等导致耕地质量、生态在总体上不断下降，化肥的滥用就是一个典型，在为用占全球8%左右的耕地面积养活全球超过21%人口而骄傲的同时，我们不得不面对消耗了全球化肥总量三分之一的现实。生态耕种是遵循生态系统基本原理、避免人为地对耕地系统造成不可逆的干扰，以改善农业生态环境的农业生产行为。推行生态耕种，既是建设生态粮仓的客观要求，也是缓解日益突出的面源污染问题的内在需求，更是实现第一、第三产业融合可持续发展的重要条件。这是因为，通过推广"稻虾""稻鱼""稻鸭"等各类生态种养模式，用地养地作物相结合的轮作制度，以及诸如测土配方施肥的环境友好型技术，既可提高土壤各类养分自我平衡的能力，维持健康的生态系统和稳定的耕地产能，又能有效地提升耕地的景观价值，为第一、第三产业融合提供载体。

各类农业生产的经营主体，是生态耕种行为的真正决策主体，要针对多种耕地经营主体并存的现实，把握影响不同耕地经营主体生态耕种行为的规律，制定相应的激励机制，促进各类耕地经营主体的生态耕种。一是要加大对农户、农业经营企业、家庭农场、种田大户、联户经营等多种农业经营主体的培育力度，向其普及生态耕种的基础知识，提高其接受环境友好型技术的理念与能力。二是加大国家对生态耕种的激励力度。生态耕种具有明显的经济正外部性，能为社会提供生态安全的农产品和丰富的农耕文化、开放空间、独特景观、生物栖息、空气与地下水净化等公共自然福利。因此，应改变目前强农惠农政策设计多基于调动农户的生产积极性和促进农民增收目标的现状，加大对生态耕种激励的扶持力度。

# 城里人到农村购地建房的条件尚不成熟\*

近年来,城里人能否到农村购地建房成为一个社会焦点。从各类公开的媒体反映来看,似乎赞成者的呼声要明显高于反对者的声音,赞成者罗列出一系列优点:为乡村振兴注入资金,增加人气,盘活农村闲置的建设用地,提高农村建设用地的经济效益,满足城里人在农村养老的需求,促进乡村经济发展,有效增加住房供给,以及降低城市房价等。但是,调研发现,绝大多数基层的管理者,特别是从事国土资源管理的县乡具体业务人员认为,当前农村土地使用制度基本框架尚未完全构建,城里人到农村购地建房的条件并不成熟,贸然全面放开城里人到农村购地建房的政策,弊大于利。

## 一、城里人到农村购地建房的制度环境尚不健全的主要表现

与劳动力、资本要素流动不一样,土地作为不动产,其要素配置的实质就是使用制度的设置,且"牵一发而动全身",任何一项土地使用制度的变化,都会影响劳动力、资本等其他要素的流动,甚至可能影响社会的稳定。现阶段允许城里人到农村购地建房的用地制度尚不健全,主要表现包括以下几点。

### (一)农村土地规划与用途管制尚不完善

十八届三中全会明确指出,农村集体经营性建设用地同等入市,必须符合规划和用途管制的基本前提,现实却是有效的农村土地利用规划与相应的用途管制制度缺失。虽然随着新农村建设目标的提出,近十年来各地积极开展了村土地利用规划的探索,2017 年国土资源部印发了《关于有序开展村土地利用规划编制工作的指导意见》,鼓励在有条件的地区开展村土地利用规划编制工作,但村土地利用规划总体上还处于起步阶段,其编制水平难以满足社会发展的需求。一方面,没有适宜"迁村并点"发展潮流的农村居民点体系规划,这种立足于现有自然村庄布局的村庄建设,无法形成公共基础设施配置所需要的人口与土地聚集

---

\* 本文曾刊发于《改革内参》2018 年第 40 期。

规模，导致生活环境水平难以提高，一些只有几户人家的村庄的道路等基础设施的硬化反而可能成为实现农村生活现代化的负担，增加村庄后期复垦的成本。另一方面，又存在"千村一面"的规划现象，不能很好地针对各地独具特色的自然资源、区位条件与人文环境进行规划，导致规划的可操作性不强，缺乏生命力，进而难以发挥应有的调控作用。

（二）农村宅基地的福利性质并没改变

我国现行的限定身份、无偿使用的农村宅基地"一户一宅"使用制度，具有鲜明的身份性和福利性，在保障农民的基本居住条件、维持农村社会稳定方面具有特定的功能。在现阶段农村社会经济发展水平下，这种宅基地使用制度仍然是对农民居住权利的有效保护。若利用市场经济的调节手段，允许城里人到农村购地建房，虽然可实现农村建设用地的经济效益，但极有可能冲击现行的农村宅基地使用制度，进而影响普遍农户的居住用地保障。面对现实中以投资为目的人为炒房导致的城市高房价，农民不得不担心城里人到农村购地建房的动机及其后果。

（三）农村宅基地流转机制远未形成

不可否认，流转是盘活农村闲置低效宅基地的必要手段，但科学的流转机制是实现农村宅基地流转的基本条件。目前的现实是农村根本没有构建好农村宅基地流转机制：谁是宅基地的流转主体？作为农村土地所有者的村集体经济组织，理应是流转主体，但目前的村集体经济组织根本担当不了这一责任，若由乡镇政府代为行使，不仅加重了基层政府的工作负担，更有可能影响村集体经济组织的利益。另外，城里人到农村购地建房的用地价格如何评估，产生的经济收益如何分配与使用，如何再次流转等相关内容，都必须在村集体经济组织能够胜任流转决策主体角色的基础上进一步完善。

（四）存在催生新"闲置房"的可能

现实中已有一些杰出乡贤通过各种途径在农村建房，房屋因建筑质量明显高于当地水平而成为明显地标建筑物，但也成为常年紧闭的新"闲置房"，这加剧了宅基地的闲置程度。房屋主人只是逢年过节回去，少则住上几天，多则住上几个月，因为农村的医疗、交通等公共设施不如城市便利，其人际交往圈仍主要在城市。事实上，日益发展的"民宿"产业已为城里人享受乡村自然风光的居住环境提供了机会。人们愿意选择花费几十万元在农村购地建房，而不愿意选择"民宿"，除了"民宿"产业发展尚不健全外，主要原因还是存有置业投资心态，因为他们心里也清楚，他们的子女不可能到农村来定居，自己也不可能真正长年居住于此，他们在潜意识中就是希望将来能在政府的征收补偿或再次流转中获得一定的经济回报，这在本质上与投资炒房区别不大。

（五）对小产权房的治理提出新的挑战

我国对小产权房的定性和治理的决心是一贯坚定的。城镇居民通过购买小产权房，不仅侵占了农民的权利，更破坏了房地产市场的正常秩序。现阶段若允许城里人到农村购地建房，在一定程度上是对小产权房合法性的认可，这对于通过城镇房地产市场购房的广大消费者而言是极不公平，会对国家治理小产权房产生负面影响。

## 二、加快构建农村土地使用制度基本框架的思考

建立城乡统一的建设用地市场，实现农村集体建设用地与国有土地同价同权、同等入市，是我国土地使用改革的方向；打通土地、劳动力、资金等要素通道是推进乡村振兴，实现城乡融合发展的关键之举。加快构建农村土地使用制度基本框架，不仅是探索城里人能否农村购地建房的前提条件，也是推进乡村振兴战略的内在需求。

（一）加强村集体经济组织建设

深化农村土地使用制度改革，不能忽视作为所有者的农村集体经济组织的主体作用，在近年来的"三块地"改革试点中，充分发挥村集体经济组织的主体作用是试点顺利推进的一个成功经验。例如，江西省余江区在宅基地改革中，充分尊重村集体经济组织是农村宅基地所有者的地位，明确"政府引导，村组主导，农民参与"的改革原则，通过加强村民事务理事会的建设来弥补村集体组织弱化的缺陷，把村集体组织作为改革的运行主体，实行改革试点的"一村一案"，在不违背全县的改革纲领和相关规章制度的前提下，本村的宅基地分配方案、宅基地增值分配方案、宅基地有偿使用的起征面积与标准等具体改革内容均由各村自行制定。改革开放以来，我国的村集体经济组织建设不仅没有随着社会经济的发展而加强，反而呈现出日益弱化的明显趋势，"无资产、无资本、无资金"的村集体经济组织现状很是普遍，大部分村集体经济组织没有能力行使农村土地使用制度改革的主体作用。因此，必须加强村集体经济组织建设，使之胜任深化农村土地使用制度改革的需要。

（二）全面推进村土地利用规划的编制

村土地利用规划是统筹区域基础设施建设与产业布局、居民点体系建设的"蓝图"，是土地使用制度改革中优化土地利用结构的依据，也是国家对土地利用进行宏观调控的必要手段。应尽快改变当前村土地利用规划滞后于社会需求的现状，全面推进村土地利用规划编制。首先，针对生活基础设施配套的人口聚集规模内在需求的"迁村并点"发展潮流，遵循区位差、自然资源禀赋低、居住人口少的自然村庄消亡的客观规律，基层政府需要组织区域居民点布局体系用地规划，区域居民点布局体系用地规划既要考虑现有的村级组织基础与历史延续，也要考虑生活公共设施共享的需求。然后，在区域居民点布局体系规划的基础上，通过科学的公众参与机制，充分吸纳广大村民参与，编制出切合实际的、可操作性强的村庄建设用地规划，并相应制定适合当地需要的用途管制制度。

（三）构建农村建设用地节约集约机制

"随着城镇化的推进、农村居住人口的减少，农村宅基地不减反增"现象的最主要成因就是缺乏有效的农村建设用地节约集约机制，其本质是农村土地使用基本框架的不健全。因此，应通过构建农村建设用地节约集约机制，提升节约集约利用水平。一是尽快出台"农村宅基地'一户一宅'管理实施细则"。要通过"农村宅基地'一户一宅'管理实施细则"的贯彻落实，在制度上消除"建新不拆旧""一户多宅"的现象。二是要建立农村宅基地有偿退出机制。对于已在城镇拥有稳定收入和固定住所的农户，应通过给予一定的经济补偿，鼓励其退出农村闲置的宅基地。三是要构建农村宅基地流转机制。对于"一户多宅"或闲置宅基地，应通过流转进行盘活，至于流转方式、产生的收益分配及其使用，则应在村集体经济组织的主导下通过村民讨论形成具体的方案。

（四）加快小产权房的治理进度

小产权房的治理是实现"建立城乡统一的建设用地市场"改革目标绕不过去的槛，也是当前开展农村集体经营性建设用地入市改革试点面临的一个敏感话题。"长痛不如短痛"，国家应下定决心，根据不同小产权房的形成背景及其负面影响的不同程度，分类治理，尽早消除这个"建立城乡统一的建设用地市场"改革路上的障碍。

从媒体上看，一些"城里人到农村购地建房"的呼吁者，主要是基于对"农民把地和房都卖了，没地方住，还可能拿着卖地的钱去赌博了"的反驳，实际上，这只是个案而不是本质原因。农民是理性的社会人，政府不能也没有能力对农民的生活大包大揽。当农村土地使用基本框架已经构建，城乡要素流通的制度环境已经完备时，城里人到农村购地建房也许就能"水到渠成"。需要强调的是，城市其他社会资本对乡村振兴的注入，也需要乡村用地的保障，同样离不开完备的农村土地使用制度基本框架，只不过因为城里人到农村购地建房会引发很大的连锁反应，才引起了人们的广泛关注，成为一个社会讨论的热点。

# 构建农村土地多元化治理体系的思考*

农村土地治理是对农村土地利用中各类矛盾与冲突的协调与管制，从而实现在维持土地资源可持续利用基础上的整体福祉最大化。由于位置的固定性和空间的开放性，土地利用常常表现出强烈的外部性，不可避免地会对相邻地段或地块的利用产生正面或负面的影响，客观需要科学的治理体系来解决因外部性而带来的"搭便车"之类的问题。我国农村土地实行集体所有制，农用地推行所有权、承包权、经营权"三权分置"，宅基地也明确了所有权、资格权和使用权的"三权分置"改革目标，在具体的农村土地资源利用中，涉及的利益主体多、利益关系错综复杂，改革对构建农村土地多元化治理体系的需求更加迫切。下面是对如何构建农村土地多元化治理体系的几点思考。

## 一、壮大村集体经济组织，强化关键主体的治理能力

要对我国农村土地治理中的相关利益主体尽数罗列存在一定的困难，组织层面涉及政府、村集体经济组织、各类理事会、合作社、龙头企业等，个人则包括普遍村民、拥有承包经营权的村民、只取得农地经营权的村民，还有拥有宅基地使用资格的村民、只有宅基地使用权的外村人等。但村集体经济组织作为农村土地的法定主体，理应是多元化治理体系中的核心主体，发挥着关键作用。调研发现，农村土地资源治理成效好、资源利用效果好的村庄，如江西省修水县黄溪村推行"确权不确地、分红按人头、补贴归原户、组级管理、村级整包"的"确权确股不确地"耕地流转模式，以及以土地整治为抓手，实现"人–地–钱"要素的同步聚集；江西省瑞金市田坞村以"总量控制、自主调配、以建补拆、点内平衡"推进村庄"迁村并点"；江西省鹰潭市余江区推行"一村一案"农村宅基地改革，优化农村宅基地布局；四川省成都青杠树村以"分别立项、统一管理、同步实施、整村推进、分类验收"的项目管理方式，形成土地综合整治"一盘棋"，推进农村经营性建设用地入市改革，这些无一例外都是村集体经济组织发挥了至关重要的主体作用。

---

\* 本文曾刊发于《土地科学动态》2018 年第 6 期。

然而，改革开放以来，我国的村集体经济组织建设总体上呈不断弱化的趋势，特别是在中西部经济欠发达地区，"无资产、无资本、无资金"的村集体经济组织现状很是普遍，大部分村集体经济组织难以担当农村土地资源治理的主体作用。因此，加强村集体经济组织建设、强化其治理能力是农村土地多元化治理体系的首要任务。第一，要选好班子领头人，对乡村有情怀、有奉献精神、有闯劲的人才能成为村集体经济组织主心骨；第二，要培养造就一支懂农业、爱农村、爱农民的"三农"管理队伍，特别是要吸引有能力的年轻人进入村集体领导班子；第三，要改善村干部的待遇，真正留住能人为村集体建设服务；第四，要重视对村集体经济组织的能力建设，不断提升其政策解读、参与市场竞争、治理创新的能力，从而使其胜任农村土地多元化治理体系中的核心主体责任。

## 二、紧扣新时代治理需求，明确多元协同治理目标

不同的发展阶段，社会对农村土地治理的现实需求不同。从治理的本质内涵来看，土地治理的内容集中在土地的资源利用与生态环境保护，以及土地资源利用的局部效益与整体效益、短期效益与长久效益之间的关系协调上。正确把握新时代农村土地治理的现实需求，是完善农村土地多元化治理体系的前提。新时代我国农村土地治理的现实需求与治理目标，源于乡村振兴战略及推进生态文明建设的需求，即要为实现农业农村现代化、城乡融合发展提供用地保障，为城乡要素的流通创造良好的用地环境，为生态文明建设提供良好的土地生态环境，遵循土地伦理利用土地，维持土地健康。具体表现在以下几个方面。

一是确保国家粮食安全，建设生态粮仓。把中国人的"饭碗"牢牢端在自己手中，始终是我国农村土地所承担的最重要功能，不仅要让全国人民吃饱饭，更要吃好、吃得安全。因此，要利用治理手段，鼓励耕地使用者积极采取"稻虾""稻鱼""稻鸭"等各类生态种养模式、用地养地作物相结合的轮作制度，以及诸如测土配方施肥的环境友好型技术等生态耕种行为，防止农业面源污染、掠夺性耕种等生态环境破坏行为，切实实现耕地数量、质量与生态"三位一体"保护目标。二是满足人们对美好生活的需求，提供良好的乡村生态产品。不仅包括为生态宜居村庄提供建设用地的配置保障，还要针对社会主要矛盾即"人民日益增长的美好生活需要和不平衡不充分的发展之间的矛盾"，提供各类生态旅游产品，如第一、第三产业融合的农旅结合，即依托传统的农业生产这个第一产业，发展农业观光采摘园、农业科技游、农耕体验、农家乐、农业博览园等第三产业，综合发挥耕地的生产、农耕文化、农田景观等功能。三是珍惜宝贵的土地资源，提高土地资源的节约集约利用水平。我国是一个人多地少的人口大国，珍

惜每一寸土地资源，提高土地节约集约利用水平，是国情的基本要求，然而，随着城镇化的推进，农村居住人口的不断减少，农村建设用地不减反增，导致土地利用方式日益粗放。因此，应进一步加强农村建设用地节约集约的机制建设，促进土地资源的节约集约。四是针对城乡融合发展目标，构建人地同步城镇化的用地治理机制。乡村振兴追求的是"城乡融合"发展，要使城市与乡村形成相辅相成，互为促进的共生共荣、共享共利关系。城市的发展繁荣不能排斥农村的发展繁荣。应通过有效的治理，实现土地城镇化与人口城镇化的同步协调发展。

## 三、明确各主体职责定位，形成多元主体协同合力

尽管涉及农村土地治理的相关利益主体众多，但主要治理主体是三个：政府、村集体经济组织和广大农民。农村土地治理强调村集体经济组织在多元化治理体系中的核心主体地位，并不排斥政府与广大农民的作用，但三者的角色定位必须清晰，相互协同，形成农村土地治理合力。村集体经济组织是真正的决策者，政府支持是保障，其主要职责是编制跨村区域的土地利用规划，制定相关土地利用政策，加强村集体经济组织的建设；而农民的参与与支持是基础，既要防止"塔西佗陷阱"，也要杜绝村民"等、靠、要"的依赖思想，要调动全体农民参与农村土地治理的积极性，必须构建科学的公众参与机制，赋予农民充分的知情权、选择权和话语权。

现阶段，当务之急是要改变基层政府大包大揽农村事务的工作方式。基层地方政府虽具有很强的组织能力，但由基层地方政府完全主导农村土地治理存在诸多弊端。一方面，我国广大农村地域广阔，每个地方的自然资源禀赋不同、社会经济条件不同，但都有自己深厚的历史根源，有其独特的风土人情与传统习俗，"一刀切"的行政手段常导致各地农村土地治理的同质化而治理失效；另一方面，容易导致村民形成对政府依赖的习惯而缺乏主人翁的创新精神，甚至一些地方出现"上热下冷、外热内冷"和"政府干、村民看"的现象，乡镇干部陷入繁杂的具体事务而压力巨大，"五加二、黑加白"的工作方式成为常态等。

## 四、构建科学的制度保障体系，健全多元主体协同机制

科学的制度保障是农村土地多元化治理体系有效运行的重要基础，要通过制度来规范各主体的行为，促进主体间的协同。然而，目前我国农村土地治理中的制度保障还不健全，导致不同主体间的协同行为不够和谐。具体表现在以下几个方面：一是缺乏治理目标的共识，共同目标不够清晰。农村土地治理的最终目标

是什么？有什么具体要求？各主体尚未对比形成共识，每一主体都追求自身利益最大化，这与我国农村治理体系不完善相关。二是行为约束不够。多主体在农村土地治理中扮演的角色不同，其具体的行为约束也有所不同，但目前并没有详细的行为约束机制，这与农村土地使用制度不健全相关。三是协同机制不够健全，各主体在土地治理中缺乏相互沟通、相互讨论的平台与有效途径，这与科学的公众参与机制的缺失相关。

  要构建科学的制度保障体系，健全多元主体协同机制，一是要强化协同治理的理念，明确农村土地治理的最终目标与具体要求。不可否认，在众多的农村土地治理主体中，不同主体的优势不同，但其也存在相应的劣势，应扬长避短，形成合力。同时，要针对区域土地资源利用的生态环境脆弱性特征，结合社会经济的需求，明确当地农村土地治理的最终目标与具体要求。各治理主体扮演的角色不同，作用有区别，但协同的地位应是平等的，协同才能共赢，才能达到土地治理的共同目标。二是制定切实可行的用途管制细则。用途管制是土地利用规划的调控手段，也是土地治理的主要路径，但必须改变目前全国实行统一的土地用途分类体系的现状，应允许各地针对自身的土地利用与治理需求，在全国土地用途分类体系的基础上，因地制宜地制定土地用途分类及其用途管制规则，体现各地用途管制的地域性和可操作性。三是要建立科学的公众参与机制。公众参与是多主体协同的内在需求，缺乏公众参与机制，不可能形成共识。公众参与要贯穿土地治理的全过程，包括当地土地资源的形势分析、治理目标的确定、治理手段与措施的选择、治理过程的监督、治理效果的评估等。四是要重视发挥非正式制度的作用。正式制度具有强制性，其约束或激励方向明确，但也不能忽视非正式制度的作用。我国广大村庄的形成具有鲜明的地域性和血缘特征，有着深厚的历史积累，长期形成的处世风格、村规民约等非正式制度具备很强生命力，是村民日常生活中的行为准则，必须将其正确应用于土地治理之中。

# 承包地是否调整应尊重村民意愿*

## ——基于"增人不增地、减人不减地"政策的基层调查

自1993年"增人不增地,减人不减地"政策提出后,各地基本上严格执行了这一政策,当然,也有一些地方根据村民的祈求与实际情况,采取村民大会的形式,进行了一定程度的承包权调整,包括"大稳定,小调整"和"三年一小调,五年一大调"。但农村调研发现,基层对于目前"增人不增地,减人不减地"政策持有不同意见,认为与社会的实际需求存在较大差距,"有田不愿种、有田无力种、有人无田种"的问题日益突出。

## 一、"增人不增地,减人不减地"政策的主要不足

一是加深了农户土地私有化的误解。不少地方自第一轮土地承包以来,当初分到了承包地的人们一直保留不变,在人们心里形成了承包地就是私有的观念,一方面,公益事业建设占用承包地的协调难度很大,即使高标准农田建设等农田整治的公益工程项目建设,也常常因沟渠道路占用不同农户家的承包地不一样而出现阻工的现象,导致有些工程不得不改变布局设计,整治工程效果大打折扣;另一方面,个别农户在自家承包地挖鱼塘种果树,甚至建房、葬坟。

二是加剧了土地的闲置和粗放利用。一方面,无主土地常出现,老人去世、举家外迁等情况造成承包经营户缺失或难以找到承包户。A县在一个农田整治项目在实施中因为项目区内有1~2块地的承包户长期外出打工难以联系而影响了施工时间;另一方面,由于耕地经营的经济效益很低,且耕地经营收入占家族收入的比例日益降低,抛荒现象常常出现。

三是有失社会公平,不利于农村和谐稳定。"不患寡而患不均",公平是我国农村传统的一项基本社会准则,当初土地承包分配时,为了实现绝对公平,不惜把适宜机械化操作的田块细碎化,每家每户都同时分配到不同耕地质量、不同

---

\* 本文曾刊发于《土地科学动态》2019年第1期,参加调研的还有廖彩荣。

耕种条件的田块。"增人不增地，减人不减地"政策极大地冲击着农村的公平价值观，同样是村集体组织成员，为什么不能享受耕地承包权？X县一个村支书曾讲述了一个真实的事例：第一次分田时，有两户家庭分别为5人和8人；20多年过去了，原来5人的家庭发展成17人，而8人的家庭，女儿出嫁、老人过世，最后绝户了，其家庭承包地成了亲戚争夺的对象，而原5人家庭却因承包地难以满足基本生活需求而不断找村委会评理。

四是消减了村集体组织的权威，影响了村集体组织作用的发挥。土地是村集体经济组织最大的财富，也是最大的资源。"'增人不增地，减人不减地'就像'一锤子买卖'，地分了，村集体经济组织也就失去了工作抓手"，曾有村干部这样说道。事实上，也确实存在这种现象，村集体手上由于没有掌握任何资源而逐渐失去权威，难以发挥村集体经济组织应有的作用，特别是在经济相对落后的地区，由于缺失其他的集体经济支撑，自土地承包后，村集体经济组织建设日益弱化，"无资产、无资本、无资金"的村集体经济组织已成为了普遍现象，并在一定程度上出现了村干部老龄化的问题，该问题已成为制约乡村振兴战略实施的一个主要瓶颈。

五是"离村不弃地"现象引发群众不满。农村第一轮土地承包为20世纪80年代初期，农村土地承包权的取得是基于农村集体成员身份的认定，而身份认定一般是以是否有村内户籍为标准的。因此，各村庄普遍都存在一个问题，即外出务工、举家迁移、升学、择业等长期不居住本村的人，仍然长期占有土地，甚至一些已是国家干部的城里人，还保留着农村的一份承包地，"他们享受着城里人的种种社会福利，人们要耕种他们在农村保留的承包地，却还要向他们支付租金，这种新的'农村支持城市'的形式，明显与中央的政策精神不符"，加之自2004年以来农业补贴等惠农政策均以土地承包为依据，土地流转租金收益也与土地承包数直接挂钩，不少村民对这种"不在村'地主'现象"很不理解，他们不用劳动却能从越来越高的土地收益中获得更多的财富；而长期在本村居住的嫁入媳妇、新生人口等却没有机会获得承包地，缺少土地这一传统上农村最根本的社会保障。

六是为耕地的监管带来了不便。由于承包地分配之初，农户需要按面积缴纳农业税等费用，而不同地段耕地的生产能力不同，产量有高有低，为了确保纳税计算面积的相对公平，各地基本上采取传统上依产量估算承包面积，承包质量差的承包地面积要比实际面积多，并历次沿袭下来。但土地确权是对耕地进行实地测量并按实际面积登记确权，从而导致农户的确权登记面积与承包地面积不一致，调研发现，农户确权登记面积要比承包地面积多15%～20%，这为耕地的监管埋下了隐患。

## 二、完善承包地调整的对策思考

（一）尊重地方意愿，遵循村民自治

推行"增人不增地、减人不减地"政策，是国家保持土地承包关系稳定并长久不变的具体要求，其目的是通过稳定而长期的耕地承包关系提高农户对耕地的珍惜程度，投入更多的资金、资源，引导农民采用生物农药、农家肥等方式耕种土地，减少化肥的使用，从而对耕地进行更多的保护利用，形成更加长期的流转关系，以利于农业的稳定发展。然而，事实却是我国耕地质量保护形势日益严峻，据报道，1980~2015年我国粮食单产水平提高了56%，而化肥投入量增长了225%。我国在为用占全球8%左右的耕地面积养活全球超过21%人口而骄傲的同时，不得不面对消耗了全球化肥总量三分之一的现实，而且耕地流转还是以短期为主且流转率难以提高，这些都说明承包权是否稳定并不是制约我国耕地可持续利用的最主要因素。

农村税费改革后，农业税的取消使承包地的资产价格更加凸显，占有土地就有潜在的或者现实的经济利益，人们对是否能分得承包地更加在乎。从实现需求来看，在农村社会保障体系尚未完全构建之前，承包地对农户的最基本生存保障功能未能得到替代的时候，必须充分考虑农民对集体土地的成员权及其"人人有份，人人有饭"的基本保障，尊重地方创造，遵循村民自治，允许各地在严格执行村民自治的程序基础上，对承包地进行小调整，包括"大稳定，小调整""三年一小调，五年一大调"的方式，或将农民的承包权转化为股份，土地则统一经营或流转，农民则根据股份获取相应收益。调研中发现，"大稳定，小调整"有利于稳定生产与社会的安定、缓冲新增人口无地带来的矛盾，但会加剧耕地的细碎化程度。而"三年一小调，五年一大调"，工作量大，需要强有力的村集体经济组织。从现代农业适度规模经营的内在需求来看，将农民的承包权转化为股份的"股份化"应是一个鼓励方向。

（二）构建农村土地承包经营权退出机制

国家对农村土地承包经营权退出有相关文件的要求，如《中共中央关于制定国民经济和社会发展第十三个五年规划的建议》明确要求，"维护进城落户农民土地承包权、宅基地使用权、集体收益分配权，支持引导其依法自愿有偿转让上述权益"。2015年11月中共中央办公厅、国务院办公厅印发的《深化农村改革综合性实施方案》提出在有条件的地方开展农民土地承包经营权有偿退出试点。

2016年，国务院印发的《关于实施支持农业转移人口市民化若干财政政策的通知》要求，逐步建立进城落户农民在农村的相关权益退出机制，积极引导和支持进城落户农民依法自愿有偿转让相关权益。构建农村土地承包经营权退出机制，不仅有利于促进农业适度规模经营，推进农业现代化，也有利于加快农业转移人口市民化的步伐。

因此，应构建农村土地承包经营权退出机制，制定相关政策分类指导农村土地承包经营权的退出。例如，对于死亡的人员、已落户城镇的人员，特别是已纳入城市社会保障体系的国家公务员、企事业单位的工作人员，以及因结婚或其他原因已迁出本村集体经济组织并在迁入地享受农村土地承包经营权的农村人口，应明确要求其退出农村土地承包经营权；对于常年外出务工经商，并在城镇有固定居住场所和稳定收入非落户城镇的人员，应鼓励其有偿退出农村土地承包经营权，至于如何有偿，政府应作出原则性规定，具体操作办法则可由村民自治协商规定。

（三）鼓励以促进规模经营为目的的"确权确股不确地"

《关于全面深化农村改革加快推进农业现代化的若干意见》（2014年中央一号文件），明确提出"抓紧抓实农村土地承包经营权确权登记颁证工作，充分依靠农民群众自主协商解决工作中遇到的矛盾和问题，可以确权确地，也可以确权确股不确地"。从理论上看，"确权确股不确地"属于"内公外私"双重合约的制度设置，即在集体组织内部，耕地经营权是每户共同拥有的公权，但对外村集体组织却作为一个私有主体，符合我国农村集体经济所有制的要求。

"确权确股不确地"是随着高标准农田建设等农田整治工程的推进，为了避免整治后的标准农田的再次细碎化而提出的创新举措，并表现出强大的生命力：一是坚持了以家庭联产承包为主的责任制、统分结合的双层经营体制作为我国乡村集体经济组织的一项基本制度。"确权确股不确地"是在继承耕地所有权与承包经营权分离的家庭承包经营责任制的基础上，进一步对承包经营权进行承包权和经营权的分离，耕地所有权归村小组所有，承包权归村小组成员所有，只有经营权才可以进行流转，各农户耕地承包权的经济体现通过村小组的统筹进行分配，增强了农民对村集体经济组织的认可，也强化了村民对农村土地集体所有的观念。二是为现代农业发展所需的土地生产条件建设提供了机会，有利于解决家庭承包责任制分散承包与现代农业规模经营之间的矛盾。"确权确股不确地"的家庭承包责任制并没有把具体田块落实到各家各户，这不仅实现了集中连片，而且为完善农田基础设施创造了条件：开展农田道路、灌排系统等农田基础设施建设，不会涉及具体农户家承包责任田的占用问题，也就避免了因占用某农户家的耕地而影响农田基本建设的现象（这种现象已成为了现阶段广大农村改善农田基础设施的普遍问题）。三是促进了耕地资源的有效管理。能够在根上杜绝农户在自家承包地上违法建房和葬坟的现象，进而强化土地利用的规划用途管制，实现农村土地资源管理从"被动整治"变为"主动遵循"。当然，为了确保各承包户的利益不受损，"确权确股不确地"只能限定于以促进规模经营为目的的情况，且具备村集体经济组织能力强、配套管理制度建设完善、具有现代农业经营主体、实施了土地整治等外部条件。

# 构建科学的空间用途管制体系，消除地方发展之忧[*]

近期调研发现，随着生态环境保护问题问责力度的加大，不少地方正在努力避开生态红线区的划定，甚至一些地方出现"谈保护区色变"的恐慌心态，既担心违反保护区条例而被问责，也担心因生态保护红线的划定而失去了发展的机会。实际上，生态红线区并不等同于"无人区"，更不都是自然资源原始状态的保留区。而构建科学的空间用途管制体系，是消除各地划定生态红线区顾虑的前提，也是协调自然资源利用与保护的基础。

## 一、生态红线区并不都是禁止发展区

我国空间规划体系中"三区三线"的划定，目的是促进人口资源环境相均衡、经济社会生态效益相统一。其中，生态保护红线，指在生态空间范围内具有特殊重要生态功能、必须强制性严格保护的区域，是保障和维护国家生态安全的底线和生命线，主要包括具有重要水源涵养、生物多样性维护、水土保持、防风固沙、海岸生态稳定等功能的生态功能重要区域，以及水土流失、土地沙化、石漠化、盐渍化等生态环境敏感脆弱区域。

但是，生态保护红线的划定区域并不等同于"无人区"，更不应该都成为禁止发展区，而是为了不破坏主导生态服务功能，对人们自然资源利用方式和利用强度进行严格的约束。《关于划定并严守生态保护红线的若干意见》也指出"强化用途管制，严禁任意改变用途，杜绝不合理开发建设活动对生态保护红线的破坏"，是杜绝"不合理开发建设活动"，而不是禁止任何开发建设。关键是如何界定"不合理开发建设活动"，这又与地段生态功能的重要性程度、生态环境敏感脆弱性程度相关，生态功能越重要、生态环境越敏感脆弱，其开发建设活动的约束就越强。

自然资源的生态保护与区域经济发展也不是天生不能协调的一对矛盾，只要明确自然资源的保护对象与具体内容，并科学诊断保护中存在的主要问题，就完

---

[*] 本文曾刊发于《改革内参》2019年第10期。

全能够实现"在保护中发展,在发展中保护"。例如,以"国家公园"为主要形式的美国自然资源保护模式,其最基本的原则是"生态环境不能受损、国家利益为上",并明确了国家公园的四大功能:提供保护性的自然资源、保存物种及其遗传基因、提供国民游憩及繁荣地方经济、促进学术研究及环境教育,但针对不同类型自然保护区的特征制定出了不同的用途管制细则,允许不损害国家公园生态环境的经济活动,特别是强调以规范管理促进生态旅游,一些国家公园甚至允许原住民开展非商业性的捕鱼、采摘、狩猎等传统生计活动。2017年,美国国家公园体系游客人数达3.3亿人次,为公园辐射区(通常指公园60km范围内)提供了30 000多个就业岗位,为美国经济贡献了约358亿美元,实现了自然资源保护与经济发展的"双赢"。

## 二、构建科学的空间用途管制体系的建议

空间用途管制制度是区域自然资源利用的根本依据,而用途管制则由规划来确定。国家已明确了"建立以国家发展规划为统领,以空间规划为基础,以专项规划、区域规划为支撑,由国家、省、市县各级规划共同组成,定位准确、边界清晰、功能互补、统一衔接的国家规划体系",提出了以主体功能区规划为基础,以资源环境承载力评价和国土开发适宜性评价为前提,划定"三区三线"的空间管控策略,但真正要落到实处,还需要建立具有可操作性的空间用途管制体系,这既是消除地方政府划定生态红线的种种顾虑、协调自然资源利用与保护的内在要求,也是实现自然资源统一管理精细化的客观需求。为此,提出以下构建科学空间用途管制体系的建议。

### (一)构建多层级规划空间用途分区体系,突出"微观"规划空间用途分区的地域性

以集聚开发、分类保护为指导思想,建立分层次分类别的国土全域保护格局,是协调我国自然资源开发与保护的总体思路。在层次上,要对应国家、省、市、县、乡镇的规划体系,构建"宏观–中观–微观"的空间用途分区体系。自上而下,体现国家意志,下一级规划空间用途受上一级规划空间用途管制的约束,随着层级的降低,分区管制的内容应越精细,可操作性越强。在"微观"规划的空间用途分区类别划分上,应突出地域性,根据不同地域生态环境的保护目标及其生态环境敏感脆弱性,进行空间用途分区的划分,并制定详细的用途管制细则。

我国地域广阔,生态功能和生态环境敏感脆弱性存在很大的地域差异,不可

能构建简单的全国通用的"微观"空间用途分区类型。因此，一方面，要丰富我国"微观"空间用途分区的类型，为地方在制定空间用途分区时提供足够的选择空间，如英国在土地利用功能用途分类中所使用的 NLUS 分类系统，就采用了四个层次体系：将全国土地利用分为 15 个大类、78 个组、150 个亚组、600 多个级；我国台湾地区土地使用管制，把土地使用分为非都市和都市土地两大类，其中非都市分为 9 个使用分区、18 种使用地，明确限定允许使用和不允许使用的具体标准和条件，并制定了"都市土地使用管制规则""非都市土地使用管制办法""非都市土地容许使用执行要点"等一系列法规来规范和落实土地使用管制。另一方面，应允许地方在遵循上一级空间用途管制的前提下，针对区域自身的管制要求，适当合并或调整空间用途分区类型，从而提高可操作性，但必须经过严格的论证。

（二）全方位制定空间用途管制规则，突出空间用途管制的空间属性与可操作性

实施空间用途管制，就是要通过制定空间用途管制规则，明确人们对不同地块或地段的利用行为约束，而这种行为约束必须是全方位的，不仅要明确允许、限制、禁止的利用方式，还必须规定利用的强度，不是简单的规定"建还是种""能种什么""能建什么"等，还要明确"能建多少""要满足什么利用条件"，如果有必要，甚至可对建筑材料、建筑风格作出具体规定。另外，以"空间用途管制"替代以往的土地用途管理，标志着用途管制从平面的土地走向立体的空间、从割裂的单要素管制迈向"山水田林湖草"生命共同体的综合管制，在空间用途管制规则的制定中，不仅要规定土地的用途，还要在空间要素的可持续利用上作出相应的规定，从而确保空间用途管制的可操作性。

生态空间、农业空间、城镇空间的"三区"管制，并不是相互排斥的用途管制，特别是在农业空间和城镇空间中，要兼顾生态功能，如在农业空间中，应鼓励生态耕种，控制化肥农药的过量使用以及任何有损于耕地生态系统的行为，从而在促进耕地质量保护的同时，也能保障农产品的安全；在城镇空间中，应强调保留相应的生态用地，营造生态宜居环境。现阶段，相对于农业空间和城镇空间，生态空间的空间用途管制规则建设更加滞后于社会需求，基本上只停留在"重点生态功能区""生态敏感区""生态脆弱区""禁止开发区"的概念上，因此，迫切需要加快生态空间的空间用途管制规则建设，针对不同生态空间区域的保护对象与内容，制定出具体的管制规则。我国香港的生态空间就是根据保护对象、方式等的不同，划分为郊野公园、特别地区、限制地区、自然保护区、绿化地带、具特殊科学价值地点等多种类型，并分别明确了规划要求与用途管制规

则。其中,以野生生物保护为目的的"限制地区",管制最严,明确规定"任何人未持署长批出的许可,不得进入该地区"。

(三) 加强资源环境承载力评价,强化"无人区"划定的科考论证

明确人类的开发利用底线是确定生态空间的空间用途管制规则的重要基础和关键依据,而人类的开发利用底线除了服从上级空间用途管制外,还要取决于区域的资源环境承载力。因此,必须加强区域资源环境承载力的评价,评价并不是简单地计算出区域资源环境承载力的高低,而是要在梳理区域资源环境本底基础上,诊断空间开发利用所面临的主要资源环境风险类型、危害程度、引发条件,以及空间分布规律,提出应对策略和建立预警机制,在明确严禁开展利用的项目、推行负面清单制度的同时,制定相关项目的准入门槛,从而确定开发利用的底线。

对于那些以野生生物保护为目标的重点保护区域以及难以承受任何人为干预的生态环境极度敏感脆弱区域,确须实行"无人区"管制的核心生态保护区,要杜绝范围划定的随意性,加强科学考察论证,评估保护的价值、明确具体保护对象与目标任务,并对原住民的迁移安置、管护基础设施建设、管护人员与手段及其资金保障等内容制定出切实可行的实施政策。这是因为,一旦确定范围,将采取最严格的保护措施,禁止人类的一切活动。如果没有配套的保障政策,这些实行"无人区"管制的生态保护区,很可能形如虚设,甚至会出现"普遍违法"的尴尬局面。因此,对于按"无人区"管制的生态保护区设定,应制定严格的论证程序,不仅要对划定范围、保护对象、保护目标、保护手段进行充分论证,还要对生态补偿、原住民安置方案、保护资金落实等配套政策的可行性进行论证。

# "迁村并点"的困与思*

"迁村并点"是国土空间综合整治的重要内容，也是农村发展的历史潮流，"迁村并点"不仅可以优化乡村生产生活生态空间，也有利于引导城镇基础设施和公共服务向农村延伸，促进城乡融合发展。随着社会的发展与技术的进步，特别是交通条件的改善，乡村生产、生活半径迅速增大、社会分工协作范围不断扩大，且农民生计的分化导致农业生产不再是农村的最主要功能，子女教育、非农就业环境、医疗保障等社会服务成为农村社会的需求。由于生活基础设施配套的人口聚集规模内在需求，那些区位差、自然资源禀赋低、居住人口少的自然村庄的消亡难以避免，传统的"沿路而建、临水而居、依田而住"的散乱的农村宅基地布局已不利于农村社会发展。然而，调研发现"迁村并点"涉及面广、相关利益关系错综复杂，推进难度很大。客观认识现实困难，才能有针对性地采取对策措施，推进"迁村并点"，保障国土空间综合整治的顺利推进。

## 一、"迁村并点"的现实困难

### （一）规划协调难

"迁村并点"必须规划先行，要通过村土地利用规划调整优化村庄用地布局，科学确定农村居民点体系，来合理引导村庄的归并。然而，我国的村庄有着鲜明的地域性和血缘关系特征，一个村庄往往是由特定世居人口及其子孙后代组成，是一个家族发展的结果，这也是很多村庄以姓氏命名的缘由。村庄承载着一个家族每个成员的诸多寄托，"落叶归根""寻根问祖"的传统根深蒂固，谁都不希望自己的村庄消失，努力避免成为被兼并取消的对象。在开展农村居民点体系规划时，每个村都力争成为中心村，努力避免成为被兼并取消的对象，竞争异常激烈，很难协调。若单纯以居住人口的多少来确定，区位好、历史悠久、文化价值高的村庄不赞同。另外，公众的态度表现出较为明显的年龄群体冲突，特别是在那些偏远山区、资源禀赋差、居住人口少而需要被撤并的小村庄，年轻人赞

---

\* 本文曾刊发于《土地科学动态》2019年第5期，参加调研的还有张淑娴。

成的多，而年老者反对的多，不少年老者对祖房有着难以割舍的眷恋，这也是当前老旧宅基地难以全面复垦的主要阻力之一。

（二）村民融合难

相对而言，小规模村庄的村民更愿意搬往中心村，因为子女教育是农村的头等大事，目前很多自然村庄已取消了学校。现实中，为了小孩上学，不少自然村庄的农民纷纷在中心村或集镇租房。相反，中心村往往由于区位条件优越，经济基础好，对于已形成了相应规模的村集体，特别是按股份对收益进行分配的村集体，其村民担心新来的村民"分羹"使自身利益受损。同时，那些需要合并的小村庄往往是区位差、经济基础弱的"穷村"，他们形成了种种债务，合并后债务如何处理也是大家所担忧的问题。迁村并点意味着打破原有的宗族和邻里关系，改变历史延续的地域性与血缘关系，村民间一时难以融合。一方面，来自不同村庄的村民，已形成相对稳定的生活习俗，聚集在一起生活，相互间的生活习俗难以融为一体，彼此容易出现排斥心态，邻里关系难以融洽；另一方面，集中居住后的生活环境与方式和原先的差别太大，原来在村庄独户独住的村民，集中居住后生活空间变小，不习惯，在绿化树间拉绳晾晒衣物、在绿化区随意开荒种菜等现象常出现。行政村兼并后村干部职数的减少，也是一个不容忽视的问题。行政村兼并必然导致一些原来村干部不再有机会担任原职，这些村干部对原村情况比较清楚，工作开展起来比较顺利，不担任村干部后，接替者一时难以胜任相应工作，这也会直接影响新老村民的相互融合。

（三）用地保障难

"迁村并点"必然导致打破原集体组织界限使用宅基地，这对当前局限于本村集体经济组织成员的宅基地使用制度提出了挑战，即使通过行政手段，重新调整村集体经济组织，原有的村民也会形成阻力。我国现行的农村集体经济组织由人民公社时期的"三级所有，队为基础"演变而来，与原生产队、生产大队以及人民公社相对应又可分别对应分为小组级、村级（多为行政村）和乡镇级集体经济组织。人们习惯把村小组作为本集体经济组织单元，人们可以调整行政村，但村小组往往保持不变。"迁村并点"后，那些跨越村民小组使用宅基地的农户，如何保障其"一户一宅，无偿使用"的宅基地使用权利是"迁村并点"要先解决的基本问题。另外，也有人均耕地面积多的村庄村民担心，在下一轮土地承包期，农村土地承包是否重新组合进行承包。

（四）资金保障难

"迁村并点"并不是单一的土地资源空间重配，还包括人口、产业、乡土文化、基础设施、乡村治理等多方面社会资源的重构，是一个涉及面广、工作量大的系统工程，需要很大的资金投入作保障。由于各家各户的基础条件不同，搬迁的经济支撑能力相差很远，"迁村并点"在很大程度上依赖政府。据调查，一个人口规模在3000人左右的村庄，开展新型农村社区建设中的基础设施和公共设施建设就需投入1500万元，若加上农户建房的补助，其资金投入需求巨大，尽管国家加大了扶农支农的投入，但总量上难以满足各地的发展需求，而且这些资金分散于各部门，各部门的资金使用需要遵循自身的管理要求，这种"各自为战"的现象难以形成合力，影响了资金的使用效果。

## 二、推进"迁村并点"的对策建议

（一）发挥政府的调控与导引作用

一是要制定区域农村居民点发展体系规划，尽快按《乡村振兴战略规划（2018—2022年）》中提出的分类推进乡村发展思路，将村庄划分为集聚提升类、城郊融合类、特色保护类、搬迁撤并类四种类型，进而形成区域农村居民点发展体系规划。村庄的保留与撤销，不宜简单以居住人数为依据，应综合考虑地形地貌、资源禀赋、基础水平、区位条件、文化价值、发展前景来确定，并充分征求公众意见，通过达成共识来推动规划的顺利实施。二是要推行"产村一体化"规划，在优化村庄布局的同时，应充分考虑产业结构调整与产业融合、非农就业岗位增加的客观需要，确定适合当地的产业产展规划，通过培育产业来保障就业，并把闲置宅基地复垦与高标准农田建设、新型农业经营主体的培育相结合，实现产村一体化发展。三是要加大基础设施和公共设施建设投入，特别要提高"集聚提升类"中心村庄的生活环境条件，形成对周边村民的吸纳力。四是要制定切实可行的规划实施方案，"迁村并点"并不是一蹴而就的事，不宜操之过急，不宜运动式的全面铺开，应选择条件较好的地方先行试点，通过试点总结经验，发挥试点的示范引领作用，然后再根据财政支持力度，"成熟一片实施一片"，集中力量打歼灭战。

（二）发挥村民自治组织的主体作用

要坚持村民自治的基本原则，通过加强村组织建设提升"迁村并点"后的治理能力，破解村民融合难的难题。既要重视"迁村并点"后村组织的建设，也要重视原有村组织与村干部的作用发挥。一方面，在新的村组织建设中，要兼顾村组织的前后衔接、村民组成结构、村集体发展需要等多种因素；另一方面，

"迁村并点"不可避免地要优化村组织结构、减少村干部职数，但原村组织和村干部在某种程度上代表着原有村庄社会共同体的传统精神寄托，在村民事务管理与矛盾调解中具有先天优势，要善于发挥其优势。江西省修水县在移民社区管理中，就充分利用了原村组织和村干部的权威，让他们担任社区便民服务中心、社会管理服务中心、卫计服务中心、阅读培训服务中心、居家养老服务中心、议事服务中心等各类事务中心的负责人，在调解家庭和社交矛盾、疏导不满情绪、促进村民融合方面取得了明显的效果。

（三）创新土地使用制度

要在坚持农村宅基地所有权、资格权、使用权"三权分置"改革方向下，通过使用权的合理流转，创新对宅基地跨集体经济组织的使用。调研中发现，已有一些地方，通过村理事会讨论，采取差别化的有偿使用方式吸纳外村人入住以形成人口聚集规模，规定本村集体成员可无偿获取"一户一宅"的宅基地，外村本乡的应交纳一定的使用费，外乡本县则交纳更多的使用费，成为美丽乡村建设的成功典范。当然，"迁村并点"作为政府鼓励的工作，宅基地有偿获取所需的费用应由政府承担，并转化为中心村的公共基础设施建设，使原村民拥有改革获得感，来弥补农村宅基地让其他村小组成员使用的不平衡心态。若涉及农村土地承包地的调整问题，则可探索"确权确股不确地"的承包经营方式，既为现代农业发展所需的规模经营创造了条件，又促进了耕地资源的有效管理。

（四）提高资金保障能力

一方面，要开拓资金保障路径，形成利益共享机制。可以借助当前的"城乡建设用地增减挂钩"试点及新增耕地异地交易的政策机遇，通过兼并村庄的复垦新增耕地进行异地交易获得经济补偿，用于债务处理，这是现阶段借助政策解决"钱从哪里来难题"的一条最好路径，当然，随着农村土地使用制度改革的深化，特别是集体经营性建设用地入市，有望筹集更多的建设资金。例如，四川省成都市青杠树村借全国农村土地制度改革试点之机，优化村庄布局，将原来的11个自然村归并为9个社区组团，对全村573.2亩建设用地进行统筹，其中269亩集体经营性建设用地以商服用途按40年使用期入市，预计可获1.97亿元的土地收益，扣除新型社区建设投入的1.37亿元和基础设施配套投入的0.3亿元成本，还可结余0.3亿元。另一方面，要改变当前美丽乡村建设资金投入"各自为战"的局面，遵循"资金性质不变、管理渠道不变、归口申报、各司其职"的原则，形成"多个渠道进水、一个龙头出水"的资金使用机制，切实提升资金使用效益。

# 生态耕种是推进生态文明建设的必然选择*

生态文明建设是关乎人民福祉、事关国家安全、关系中华民族永续发展的根本大计，土地是推进生态文明建设的基本保障，而作为最宝贵的土地资源，确保耕地资源可持续利用是实现生态文明建设的根本。然而，我国耕地资源可持续利用现状并不乐观，因人们违背耕地生态系统规律的不合理利用行为，耕地生态环境呈现恶化的现象，耕地质量退化的问题日益突出。因此，遵循生态系统基本原理、避免人为地对耕地系统产生不可逆的干扰，以改善农业生态环境的生态耕种行为，已成为实现耕地资源可持续利用的必然选择。

## 一、生态耕种是生态文明的内在需求

生态文明是继原始文明、农业文明和工业文明后新的人类文明形态，是以人与自然和谐共处为核心特征的地球文明，不仅是人类社会的文明，也是自然生态的文明，是两者的有机统一，具有整体性、综合性和协调性，既涵盖了人类主体创造的文明成果，也包括自然主体创造的文明成果。生态文明时代的耕地资源，不仅要满足人类可持续发展的生产、社会、生态等多种功能需求，还要维持耕地自身的良好生态系统，确保耕地的永续健康。

（一）生态耕种是满足人类耕地多功能需求的客观要求

耕地利用的目标是满足人类生存与发展对耕地功能的需要，而人类生存与发展对耕地功能的需要会随着人类的文明进步而不断扩展。在原始文明和农业文明阶段，耕地利用的主要目标是解决人们的基本温饱问题，到了工业文明阶段，除了温饱问题，还要为工业生产提供充足的农产品原材料，而进入生态文明之后，良好生态环境已成为最公平的公共产品和最普惠的民生福祉，人们对耕地的功能需求已不再满足于提供丰富的农产品，还包括食物安全保障、基于粮食安全的民心稳定、农民就业与生存保障、农耕传统文化、开放空间、农田独特生态景观、

---

\* 本文曾刊发于《土地科学动态》2020年第1期。

生物栖息的场所、空气与地下水的净化等丰富的社会福利功能需求。据联合国粮食及农业组织报道，人类95%的食物源于耕地的耕种，地球生物多样性的四分之一存在于耕地中，500多种抗生素来自土壤微生物，耕地资源在生态文明建设中的重要性不言而喻。在耕地资源利用中，既要获取人类所需的丰富农产品，还要保护土壤中的生物多样性、维持耕地健康的生态系统。违背耕地生态系统规律的非生态耕种会导致土壤污染、质量退化、土壤侵蚀、生物多样性丧失，进而使耕地生产性功能和非生产性功能降低甚至丧失。

（二）生态耕种是解决耕地生态保护问题的必然路径

我国长期以来的"高投入、高消耗、高产出"耕地利用模式，在满足人们日益增长的农产品需求的同时，直接导致耕地资源超负荷运转，耕地生态问题日益突显，进而使土壤贫瘠化、酸化、盐化、污染等耕地质量退化现象不断凸显，耕地质量总体上呈现下降趋势，对照2009年和2015年《中国耕地质量等级调查与评定成果》，全国高等地占比减少了3.0%。目前，我国已经成为世界上最大的化肥生产国和消费国，在为用占全球8%左右的耕地面积养活全球超过21%人口而骄傲的同时，我们不得不面对消耗全球化肥总量三分之一的现实。另据报道，我国土壤重金属、盐碱化、农药与化肥残留等多因素导致的耕地土壤点位超标面积占耕地总面积的8.30%。进入生态文明阶段的耕地保护是数量、质量、生态"三位一体"的保护，而建立以生态价值为取向的耕地保护制度体系，就是基于生态文明建设目标构建耕地保护长效机制的改革方向。维护与提升耕地生态价值的前提是解决当前耕地生态保护中存在的各种问题，这也是耕地资源保护在生态文明建设中的主阵地和根本措施，这些问题的解决并不是简单地限制人们对耕地的利用或消极地维持耕地的自然生态系统状态，而是约束人类违背耕地生态系统规律的耕地利用行为，推行生态耕种，既符合经济规律，具有经济的合理性，又可维持耕地生态系统的良好循环，解决日益凸显的耕地生态保护问题。

（三）生态耕种是农业高质量高品质发展的根本保障

随着社会生活水平的提高，人们对农产品的需求，也不再只满足于对产品数量的追求，而是更重视产品的品质与安全。"万物土中生，有土斯有粮"，人类80%以上的食品均是由粮食直接加工或者间接转化而成，粮食的质量与人类健康有着直接关系。在生态文明建设中，保障粮食安全的内涵也不再只是粮食数量上的充足供给，而是高品质和食品安全基础上的粮食保障。现阶段困扰社会的食品安全问题，其中一个重要原因就出在农产品生产环节，即耕地耕种的源头出了问题。例如，不少农产品之所以农药残留超标，就是因为在耕地耕种中，违背了生态耕种的要求而大量使用农药。另外，众多实验也表明，增施有机肥、减少化肥能显著提高农产品的品质。生态健康的土壤才可以生产出健康、高品质的农产品，要维持生态健康的土壤，就必须尊重土壤生态系统的客观规律，采取生态耕种行为。因此，生态耕种是农业高质量高品质发展的根本保障。

## 二、推行我国生态耕种的对策建议

和耕地保护一样，生态耕种并不只是单纯耕地经营者的责任和义务，而应是全社会的共同责任，这是因为，耕地属于准公共物品，耕地的利用与保护具有强烈的经济正外部性。因此，生态耕种需要全社会的共同努力，既要有政府的激励与政策推动，也要有市场机制的驱动，最终成为耕地经营者的自觉行为。

（一）加强生态耕种理论研究

加强生态耕种的基础理论研究是推行生态耕种的基础。应针对我国不同地域各类耕地资源的生态系统开展深入的研究，掌握耕地生态系统的组织结构与运行规律，明确系统内物质、能量及信息的交流方向、交流途径、交流量、交流比例以及交流速率等主要指标及其影响因素，评判耕地生态系统的自我缓冲能力及对人类干预的缓冲幅度，从而构建评价耕地生态系统健康的主要指标体系，这样，既能为各类生态耕种的技术开发提供理论支撑，又能形成相对完整的生态耕种知识体系并加以普及，指导人们的生态耕种行动。

（二）提升各类经营主体的耕地生态行为

各类农业生产的经营主体，是耕地生态耕种行为的关键主体。小农户、家庭农场、种粮大户、合作社、现代农业企业等多种经营主体并存是我国未来相当长时期的农业生产现实，不同的农业经营主体对具体生态耕种行为的采纳及其影响因素不同，因此要在认识各类经营主体对生态耕种行为采纳规律及其影响因素的基础上，制定出相应的激励对策，特别是要针对千千万万小农户仍将是我国农业农村发展最重要的基础力量和耕地利用的主体这一现状，构建现代农业经营主体对广大小农户的带动作用，在促进小农户和现代农业发展有机衔接的过程中，带领小农户科学推行各类生态耕种技术。

（三）保障经营者生态耕种应有的经济收益

耕地经营者绝大多数是"理性经济人"。在家庭联产承包责任制下，尽管国家强调承包权长久不变，但农户对承包经营权还是存在不稳定的心态，而那些在

"三权分置"的基础上通过流转获取短期经营权的规模经营者，在耕种行为决策时，经济理性远远超过生态理性，在采取每种生态耕种时，都会衡量经济回报，明显亏本的耕种行为他们不会采纳。尽管生态耕种能生产出更高品质的农产品，但由于信息的不对称和追溯制度的不健全，"优质不优价"现象较为普遍。因此，应加强农产品"农田—餐桌"的点对点对接，完善农产品追溯制度，确保农产品的优质优价，以更高的经济收益激励经营者选择生态耕种。

（四）提高国家对生态耕种激励政策的成效

激励政策是调动主体积极性的有效工具。在生态文明建设的战略背景下，我国支农扶农政策中推进生态耕种的激励导向非常明显，但实际成效并不尽人意，其中的一个主要原因就是与生态耕种的目标结合不够紧密，针对性有待进一步加强。因此，应切实提高国家对生态耕种激励政策的成效。一方面，要对现行政策进行系统梳理，找准生态耕种的激励切入点，优化完善现行的生态耕种激励政策，确保政策的受益者直接与耕地的实际经营者挂钩，且激励的受益强度要与生态耕种的效果挂钩，从而激励耕地经营者发自内心的提高生态耕种效果。另一方面，要加大政策的激励力度，确保经营者在经济上可接受。生态耕种往往意味着精耕细作，需要投入更大的劳动力成本，在劳动力日益紧缺、流行种"懒汉田"的现阶段，经营者必须考虑付出能得到回报。调研中发现，农民基本上都认可冬季种植绿肥的种种好处，民间也有"红花草，肥田宝"之说，但由于红花草不耐涝，冬季需要挖沟排水，且春耕时应提前一段时间翻埋、腐解，需要增加一定人工成本，国家的激励力度难以弥补增加的成本，这也是绿肥种植鼓励政策难以促进大面积种植的一个主要原因。

（五）完善生态耕种技术推广体系

成熟且易于接受的生态耕种技术是实行生态耕种的基础，而完备的技术推广体系是广泛推行生态耕种的保障。因此，一方面，要加强生态耕种理论研究，也要善于总结地方的生态耕种实践，不断开发不同地域条件下不同耕作结构中广大农民易于接受的生态耕种技术，形成相应的技术规范。另一方面，要加快农技推广体制改革，回归农技机构的公益性本质，健全基层生态耕种技术推广体系，建立一支稳定的专门从事农技服务的乡镇农业技术推广服务人员队伍，这不仅是生态耕种技术推广的需要，也是推广所有现代先进农业科学技术，推进农业现代化建设的迫切要求。

（六）强化耕地耕种生态保护的约束管制

制度建设是建设生态文明的根本保障，生态耕种也需要相应的制度保障。提升国土空间治理能力与水平是新时代推进我国国家治理体系和治理能力现代化的重要内容,而建立科学的国土空间用途管制制度是实现国土空间治理、加强自然资源利用与管理的主要措施,耕地资源的利用同样应服从于空间用途管制。我国已明确了生态空间、农业空间、城镇空间的"三区"空间管控策略,要针对不同功能空间分别制定相应的国土空间用途管制制度,但生活、生产与生态的"三生"功能是融合的,生态空间可以发挥生产功能,农业空间和城镇空间更要兼顾生态功能。因此,在农业空间的国土空间用途管制制度建设中,应鼓励生态耕种,禁止化肥农药的过量使用以及其他任何有损于耕地生态系统的行为,强化耕地耕种生态保护的约束管制。

# 关于提高村庄规划实用性的思考*

村庄规划是我国国土空间"五级三类"体系中的重要组成部分，是各级国土空间规划任务的最终落实，在我国空间治理能力现代化建设中占据基础性地位。近年来，各地积极探索了村庄规划的编制工作，特别是开展了村庄规划志愿服务全国大学生暑期社会实践专项活动，取得了一定的成功经验。实用性是村庄规划的生命力，然而，调研发现在确保村庄规划实用性方面存在一些共性问题。

## 一、影响村庄规划实用性的主要问题

### （一）重单个村庄发展建设，轻区域全要素统筹

现阶段的村庄早已走过了"依田而住、逐水而居、沿路而建"阶段，"迁村并点"形成适度居住规模已成为实施乡村战略"生态宜居"目标的内在需求。但是村庄规划常常着眼于现有每个村庄的建设发展，而缺乏区域全要素统筹。一是缺乏区域村庄体系的谋划。村庄规划仅简单地对现有的每个村庄发展进行策划，而没有考虑村庄撤并提升的客观要求，直接导致公共基础设施和生活配套设施布局无序，最终为设施的低效利用埋下隐患。例如，LH 村现有 278 户 2869 人，规划至 2035 年达 2948 人，有 12 个村小组 14 个自然村落，规划定位 1 个自然村落是城郊融合类，13 个自然村落是集聚提升类，没有自然村落是搬迁撤并类，其中 7 个自然村落规划预测人口不足 200 人；PJ 村现有 527 户 2087 人，规划至 2035 年达 557 户 2100 人，全部 6 个自然村落均规划定位为集聚提升类，同步发展。二是过于关注村庄的产业策划，缺乏"人–地–钱"要素的统筹配置。不少村庄规划把产业规划作为重中之重，进行了深入的 SWOT 分析，构建了村庄产业的发展蓝图。不可否认，产业规划是村庄发展的基础，但村庄规划不仅要为产业发展提供用地保障，也要为村民生态宜居环境建设以及生态整治统筹用地安排，更要通过区域用地安排引导人口的聚集与各类资金的集中投放，形成"人–

---

\* 本文曾刊发于《改革内参》2020 年第 5 期，参加调研的还有郭熙。

地-钱"要素的同步聚集。三是普遍缺乏系统思维，"山水林田湖草村"的整体协调不够。村庄规划人为地分割了区域山、水、林、田、湖、草、村等要素的系统关联性，在国土资源整治上，突出表现为村庄整治、高标准农田建设、生态环境整治相互脱节，没有体现全域整治的理念，没有把区域山、水、林、田、湖、草、村各项内容视为一个有机整体，进行综合整治规划。

### （二）重村庄硬件建设，轻配套制度建设

村庄规划不只是简单地描绘出村庄的建筑布局和外在形象，更要制定相应的配套实施制度，并促进乡风文明与治理有效目标的实现，甚至在某些特定的村庄规划中，制度建设更为重要，如江西省上饶市余干县瑞洪镇东源村由4个行政村合并而来，已形成了集中居住的整体性，现有1985户9649人，村庄规划的重点内容是村组的融合和人居环境的改造优化，制度建设尤为迫切。但在村庄规划中，重村庄硬件建设，轻配置制度建设的现象较为普遍。一是过分强调村庄外观的"高大上"和规划成果的美观，成果的可读性不够。一方面，大部分村庄规划过分重视规划成果的外观，绘制一系列漂亮的点、轴发展趋势分析彩图、区位协同彩图，它们看上去很有道理，但抽象又宏观的表达，让村民欣赏过后，难以掌握规划的实质内容。另一方面，高深理论分析和繁杂描述的规划文本，不能简单明了地表达规划内容，会让村民觉得规划离他们很远。二是突出各项规划目标的设定，而缺乏规划实施的可行性分析，村民对规划实现的信心不足。从规划设定目标看，GDP的增长，人均可支配收入的提高、公共绿地面积的配置、基础设施的建设、生活环境的改善，往往让村民充满期待，但却没有具体的实现举措。例如，NT村的近期规划建设项目的预算投资需要5800多万元，但其只是简单地提出800万元由社会投资、5000多万元由上级部门投入的设想；WS村规划近期建设项目安排了13个，投资预算6338.2万元，资金来源却是以"村民集资"为主。若近期项目得不到落实，规划目标难以实现，规划的权威性势必打折，甚至可能沦落"纸上画画、墙上挂挂、尽是鬼话"的窘境。尽管有的村庄规划提出了人口聚集建设农村中心社区的目标，但缺乏相应引导人口聚集的措施，既没有公共基础设施集中布局的安排，也没有提出"跨村集体经济组织使用宅基地"的制度创新，甚至还特别强调"各自然村组严格按照'一户一宅'政策进行住房优化布局"。

### （三）规划内容面面俱到，村庄自身禀赋与发展特色突显不够

因地制宜是确保村庄规划实用性的根本，所谓"千村千样"，每个村庄都有其自身的自然资源禀赋和社会经济条件，发展目标不同，表现出的对国土资

源的保障需求以及面临的主要问题也不同，反映在村庄规划中的国土资源优化配置也不同。为了体现村庄规划的差别化，国家明显提出村庄按四类对待：城郊融合类、集聚提升类、特色保护类、搬迁撤并类。尽管各村庄在编制规划时，明确了具体村庄类型，但在规划内容上并没有体现自身的特色。例如，城郊融合类村庄，没有很好地实现生活基础设施城乡共享、产业城乡互补的目标，也没有制定出相应的资源配置制度保障；特色保护类村庄，没有系统围绕"特色保护的价值分析—保护中存在的问题诊断—规划的应对措施—配套制度建设"的主线展开规划；集聚提升类村庄，没有很好地围绕"村庄做大做强，通过生活基础设施的配套建设，吸引人口、建设用地和投资的聚集"的思路进行规划。每个村庄都想全面发展，规划内容面面俱到，村庄发展思路雷同现象较为严重，特别是大部分村庄的发展方向都是农旅结合，但对通过什么具体项目做到农旅融合，如何做出特色以及提升市场竞争力的考虑不多，也没有提出用地的保障对策。

（四）刚性有余而弹性不足

规划是建立在对未来发展预测的基础之上，其不确定性是客观存在的，因此，村庄规划同样应做到刚柔并举。然而，在具体规划中，存在刚性有余而弹性不足的现象：一是建设用地安排过于具体。例如，在预测每个自然村落人口增长的基础上，确定了新增宅基地的数量，甚至明确了具体空间位置；有的村庄在经营性用地安排上，还规划出"幸福食堂""牛栏咖啡"等具体经营项目与位置；还有的村庄在规划中，对每一栋房屋的外立面修饰都作出明确的要求，明确了种什么花、草。二是替代市场对农用地的利用做出详细的种植安排。例如，XF村对农用地作出了详细的安排，明确要种植水稻多少亩，烟叶多少亩，莲虾套养多少亩等，种植结构是农民根据市场需求自主决策的，而不是机械地规划的。三是制度规划替代了村民自治。例如，一些村庄对于超面积使用宅基地及非本村集体经济组织成员使用宅基地等的有偿使用标准，做出了非常具体的确定，而这些制度的具体内容本应由村民自治决定，并根据需要可以不断调整与完善。四是"留白"制度的应用不多。为了应对未来土地利用的不确定性，各地创新性提出了用地规划的"留白"制度，即对未来发展不确定性的地段，可暂不明确或规定其用途，并预留相应规划建设用地指标的一种用地弹性管理的制度，其目的就是要应对目前难以预测的村庄土地利用需求。然而，在具体村庄规划编制中，很少有村庄应用"留白"制度，更没有提出相应的管控要求。

## 二、提高村庄规划方案实用性的对策建议

村庄规划作为我国国土空间规划体系中最微观的规划，不仅关系着国家意志的最终落实，也是实现村庄自身可持续发展的重要保障，确保村庄规划方案的实用性，是充分发挥村庄规划作用的关键。从各地试点来看，村庄规划全面铺开的机会还不够成熟，应进一步通过试点总结经验。原因如下：一是缺乏上位规划的约束，在县、乡国土空间规划尚未完成之前，各村的新增建设用地总规模及其占用耕地指标、耕地保有量、永久基本农田保护面积等各项刚性规划指标，以及用途管制的进一步落实，都难以保证与上位规划统一；二是各地对村庄规划认识的不统一，在编制思路、内容上存在较大差异，形成的规划方案实用性大打折扣。现在贸然"运动式"展开村庄规划会引发一系列后遗症，为未来的国土空间治理现代化建设带来诸多不利因素。针对试点工作中表现出的问题，提出以下提高村庄规划方案实用性的对策建议。

（一）在县域层面加强居民点体系规划

随着社会的发展与进步，特别是交通条件的改善，乡村生产、生活半径迅速增大，农民生计的分化导致农业生产已不再是农村的最主要功能，子女教育、非农就业环境、医疗保障等社会服务成为农村社会的需求。由于生活基础设施配套的人口聚集规模内在需求，那些区位差、自然资源禀赋低、居住人口少的自然村庄的消亡难以避免，"迁村并点"已是农村发展的趋势。实际上，农民内心完全理解"迁村并点"、优化配置公共基础设施的现实意义。例如，在 LF 村，规划编制课题组入驻之初，村民认为政府拆除老旧宅子，其能获得相应的安置补偿，对规划编制课题组表现出很大欢迎，都希望老宅能列入拆旧范围，但得知没有补偿后，立即表现出极大的抵触心态。

现阶段的农村人口迁移不只是局限于本村本乡，而是形成了梯度转移的规律，即自然村的往中心村走、中心村的往集镇走、集镇的往县城走。每个村庄都不愿被列入搬迁撤并类对象，这就需要政府在县域层面进行科学统筹，编制居民点体系规划，优化主要公共基础设施配置，重点建设新型农村社区，健全村庄功能，并通过人居环境的改善和生活品质的提高及产业和消费的聚集，引导人口向中心村、镇聚集。对于人口规模小、地处边远山区、交通条件差、地质灾害隐患点，以及被永久基本农田包围的小村落则应列入重点搬迁撤并对象。

（二）坚持开门编制，充分吸纳公众参与

一个实用性的村庄规划，不仅要体现上位规划的各项要求，更要被广大村民

理解与接受，并成为土地利用中的自觉行为。因此，坚持开门编制，充分吸纳村民公众参与是确保村庄规划实用性的关键。国际上流行的参与式规划是充分吸纳村民公众参与的成功模式，从规划编制方案启动、基础资料的收集与分析、区域问题的诊断与规划目标的确定、规划内容的确定，到规划的实施监督，全过程地吸纳村民的参与，通过充分讨论与协商，最终形成共识。江西石城县长溪村探索的参与式村庄规划实践已体现出强大的生命力，一方面，参与式规划是一个提高村庄资源科学认知的科普过程，村民通过与规划技术人员的交流，对村庄的资源有一个客观认知，知道哪些资源具有保护价值、如何珍惜与保护，哪些资源该如何实现可持续利用；另一方面，参与式规划也是一个强化村民自治、增强村民凝聚力的过程，在不断的讨论、协商中，村民充分表达各自的观点，在相互理解中达成共识，提高了村民自组织的能力与自治效果，也进一步体现了村民的主人翁精神，在村庄规划编制过程中，村民不断挖掘村庄特色要素，包括古建筑等实物要素，也包括风俗习惯等文化要素。

公众参与并不等同于完全满足每个村民的意愿，不少村民的诉求多基于自身的实用性，短期见效就行，如每个村民都希望自家门口的道路宽敞，每个自然村都想成为中心村，能被重点打造成新型农村社区，故纷纷提出配置公共停车场、休闲广场、农贸市场、幼儿园等诉求，但公共基础设施必须形成一定居住规模才能保障其使用效率，这就需要沟通协商，而村两委和村民理事会在这方面拥有得天独厚的优势，是实现村庄规划公众参与必不可少的组织保障。村庄规划的最大利益群体是广大村民，为了适应村民的认知习惯，可以在传统规范规划成果基础上，再形成村民版规划文本，在内容结构体系上可综合原先的土地利用总体规划成果和城乡建设规划成果特点，做到图文并茂、通俗易懂、一目了然。

(三) 强化问题导向与目标导向的结合

村庄规划既要落实上位规划的各项目标，又要解决制约当地土地资源可持续利用的现实问题，是一个充分体现问题导向与目标导向相结合的典型规划。目标导向，并不是简单地把上级规划的各类规划指标进行落实，而是要紧扣乡村振兴战略目标，根据村庄自身的资源禀赋和社会经济发展需要，提出村庄国土资源的利用战略。为了产业兴旺，应根据当地的产业发展规划，特别是在三次产业融合的大趋势下，为新业态新产业提供用地保障；为了生态宜居，应完善公共基础设施建设，改造人居环境，鉴于公共基础设施配置的基本居住规模要求，必须形成人口聚集的中心村庄，建设新型农村社区；为了治理有效和乡风文明，就要形成良好的村规民约和有效的协商民主，在村庄规划的编制中，广大村民的积极参与，在不断协商、沟通中形成协商民主机制。因此，一个成功的村庄规划，不仅仅是形成了一个科学有效的规划方案,还应包括相应村民协商民主机制的构成,也应体现"授人以'鱼'不如授人以'渔'"的理念。

不论是目标导向还是问题导向,最终都应指向国土资源的优化配置,但在村庄规划的试点中,这一点常常被忽视。例如,SL村针对传统花炮产业必须转型的需求,规划提出了产业转型的方向,但未进一步分析用地保障需求和优化配置对策。同样,问题的诊断最终也应导向国土资源的利用与保护,不能只停留在表面,不少村庄诊断出产业发展缓慢、经济基础薄弱,生活基础设施落后、生活环境脏乱差,"空心村"现象严重、建设用地利用粗放等问题,却没有深入分析土地利用方面的原因,是产业用地保障不够?基础设施用地不够或布置不科学?缺乏村庄体系规划的引导?还是缺乏闲置宅基地盘活机制?进而导致后续的国土资源利用与保护的对策缺乏针对性。

(四)强化用途管制的制度建设

《中共中央 国务院关于建立国土空间规划体系并监督实施的若干意见》指出,要形成以国土空间规划为基础,以统一用途管制为手段的国土空间开发保护制度,也明确在城镇开发边界外的建设,按照主导用途分区,实行"详细规划+规划许可"和"约束指标+分区准入"的管制方式。村庄规划的范围均属于城镇开发边界外,因地制宜地对村庄规划进行空间用途分区,并制定相应的用途管制规则,已成为"详细规划+规划许可"和"约束指标+分区准入"管制方式的基础。

由于目前对于如何构建村庄规划用途管制体系及制定用途管制规则尚未形成相应的技术规范,在各地试点中,大部分村庄规划缺乏详细的用途管制分区和针对性制定管制规则,有的只是简单地按生产空间、生活空间和生态空间三大类提出原则性的用途管制要求,有的直接套用原国家县级土地利用规划的技术规程中的用途分区体系及其用途管制规则,既缺乏实际管制效力,也不具可操作性。从理论上看,村庄规划的用途管制,应在"三线三区"的基础上进行细化,其中建设用地的不同管制区,应在建设项目属性、建筑密度、容积率、绿化率,甚至建筑风格上作出相应的规定;生产用地的不同管制区,应对土地利用强度、耕地的用养结合作出规定,并鼓励生态耕种,控制化肥农药的过量使用以及任何有损于耕地生态系统的行为,在促进耕地质量保护的同时保障农产品的安全;生态用地的不同管制区,则根据不同地段的资源环境本底和生态脆弱性制定相应保护要求和利用约束。

# 构建企业携手农户新机制 筑牢粮食生产基础[*]

## ——基于江西乐安"绿能"模式的实践调研

2019年2月,国家出台了《关于促进小农户和现代农业发展有机衔接的意见》,提出要使小农户成为发展现代农业的积极参与者和直接受益者。发挥好现代农业企业对小农户的帮扶作用,是促进小农户和现代农业发展有机衔接的有效路径。近年来,乐安县引入江西省乐安绿能农业发展有限公司,构建了"政府引导、村组主导、村民自愿、协同多样"的现代农业企业与小农户协同新机制,在破解"让农民种粮容易,但让农民赚钱难"的难题上成效显著,为促进江西省小农户与现代农业发展的有机衔接、稳定粮食主产区地位,提供了一个现实方案。

## 一、主要做法与成效

2017年年底,江西省绿能农业发展有限公司投资1.2亿成立了江西省乐安绿能农业发展有限公司。2018年共流转耕地1.3万亩,托管耕地2.0万亩,与97户农户及9个合作社签订了订单合同。一年的实践就在乐安县引起了广泛的关注,实现了农户、企业、村集体等多主体的共赢。2019年,该公司流转耕地1.4万亩,托管耕地3.0万亩,并与113户农户及11个合作社、1个家庭农场签订了订单合同,表现出协同新机制的强劲生命力。

(一)主要做法

**1. 以各主体清晰定位保障协同效率**

政府、村集体、企业、农户、合作社等主体角色定位清晰。政府主要负责协

---

[*] 本文曾刊发于《赣府参阅》2019年第12期,参加调研的还有廖彩荣、朱美英、张淑娴和张玉琴。

调企业入驻的相关问题，并牵线搭桥，帮助村民、合作社与企业之间建立信任关系；村成立合作社（与村委会两块牌子一套人马，"村社合一"），主要负责集中规模经营的地块调整，以及流转、托管中各类矛盾的调解，并与村民签订流转合同，每个村成立监事会，每个村小组成立由乡贤、老党员、老干部组成的理事会，监管土地流转协调金的使用、农田基础设施的维护等事项；村民可根据自身需求，自愿选择与企业协同的方式；企业在集中经营的同时，还提供各类生产服务与管理，对接村民的各类需求。

### 2. 以承包权和经营权的集中分离破解协同瓶颈

承包权和经营权的集中分离，解决了承包地过于分散与现代农业生产集中连片经营之间的现实难题。村民先把全村耕地的经营权统一流转给合作社，合作社优先满足本村村民的耕种愿望，但村民耕种的不一定是自家承包地，面积也不限于自家承包地面积，而是合作社集中连片安排，再把剩余的耕地作为企业生产基地流转给江西省乐安绿能农业发展有限公司，合作社与企业的流转合同三年一签，且留有一定的调整空间，以应对农户对耕种面积的需求的年度变化，但坚持位置相对固定、集中连片原则，在空间上形成了相对稳定的企业生产基地和农户自种耕地两大区域，涉及相互间的面积调整只是在交界处进行，以满足农户自耕的动态需求和企业相对稳定的经营权。

### 3. 以形式多样激发协同活力

针对不同群体农户的各自需求，江西省乐安绿能农业发展有限公司提供了订单生产、流转、半托管、全托管等多种协同形式。订单生产农户可与企业签订收购合同，企业通过品种选择标准化、种植管理标准化、生产流程标准化保障稻谷品质，并承诺以高于市场价格的10%收购稻谷；流转农户可获取租金，如到企业务工可获取基础薪金和超产奖金，以及60元/亩的流转协调金，其中租金年初支付，消除流转农户的风险顾虑，而流转协调金类似于耕地流转工作配合奖励金，若出现无故阻工、刁难流转情况，村合作社可视情况相应核减（2018年所有农户的流转协调金均足额支付）；半托管农户的种植品种、田间管理和产品销售，由农户自主决定，公司以低于市场价格的30%提供各类服务；全托管农户从购买种子、化肥、农药，到机耕、机插、机收、稻谷烘干的全过程均由公司提供托管服务，绿能公司收取一定的托管费用。

### 4. 以先进科技降本增效，保障协同效益

绿能公司针对乐安县的土壤环境与气候条件，积极推广先进农业科技，形成了统一的优质水稻种植生产管理模式，引进了野香优莉丝优良品种，100%推行测土配方施肥技术和无人机生物药剂的统防统治病虫害技术，改"中稻+油菜"

为"中稻+再生稻+油菜",推广早稻直播技术等,从而减小了劳动强度、保障了耕地经营效益。例如,早稻直播每天可完成 20 亩的播种面积,而传统的抛秧只完成 3～5 亩;同样是优质稻,野香优莉丝的市场价是 1.55 元/斤,而传统的泰优 390 是 1.30 元/斤。

(二) 主要成效

**1. 农户种粮增收明显**

耕地流转户除了租金和流转协调金收入外,还可以到企业参与管理,每个劳动力最多可管理 150 亩耕地,按照 20 元/(亩·月)的标准计算工资(发放 10 个月),若夫妻两人管理 300 亩,则基础年薪 6 万。还有超产奖金,超产稻谷按 2.0 元/kg、油菜按 4.0 元/kg 奖励。公溪镇荷陂村村民罗某 2018 年夫妻二人在绿能公司承担了 100 亩耕地的管理任务,负责看水、施肥、打药,年收入达到 9.4 万元,包括 2 万元的管理底薪和 7.4 万元的超产奖金。而自耕农户,经营所需的种子、化肥、农药及生产服务,均只需在绿能公司记账,待公司收购稻谷后统一结账,既解决了小农户融资难题,也有效地降低了市场风险。公溪镇陈家村 60 岁的陈某,2018 年经营了 21 亩耕地,与绿能公司签订了托管协议,除了人工投入外,不需要任何资金投入,且能确保化肥农药的质量,也不愁稻谷销售,还能享受每亩低于市场价 25 元、40 元和 10 元的整地、收割和植保服务,仅这三项就节省了 1575 元的生产成本,加上公司以高于市场价 0.2 元/斤收购,其较往年增收了近万元。

**2. 村集体经济有了稳定的收入来源**

绿能公司每年支付 100 元/亩给村集体,用于相关协调工作的开展。新居村村委会的村支部书记算了一笔账:2017 年全村只有 10 万元转移支付的收入,全年运转下来还增加了村债务 2 万元,2018 年,除了转移支付,还获得了 5 万元的耕地流转工作费用,加上光伏产业扶贫收入 4 万元,村级财政得到很大的改善,村小组长的津贴由每年 500 元增加至每年 1200 元,该村还针对村民电动车多的现象,在村庄主要路段铺设了减速带,有效地减少了交通事故。

**3. 企业品牌经营有了稳定的原料保障**

借助乐安良好的生态环境,绿能公司成功申报了"乐安山泉"大米品牌,并开发了旗下系列产品,开创线上线下产品销售渠道,取得了良好的品牌效益,开创了乐安县良好生态环境点"绿"成"金"的实现路径。而通过订单生产、流转、半托管、全托管等多种协同形式,依靠统一的优质水稻种植生产管理,确保了大米精细加工的高品质原料供应,进而维持了公司的正常运转。

**4. 耕地生态环境得到明显改善**

以测土配方施肥技术和生物药剂的统防统治病虫害技术为代表的先进技术推广,实现了化肥农药的"双减"目标,不仅节省了生产成本,更促进了耕地生态的恢复,有利于耕地资源的可持续利用。以施肥为例,当地传统水稻种植的施用习惯是每亩100斤复合肥(底肥)+7斤尿素+60斤复合肥(分蘖肥),而企业推行的施肥是40斤配方复合肥(底肥)+20斤尿素+40斤配方复合肥(分蘖肥),总量减少了67斤。当地村民普遍反映,这一年多来,泥鳅、黄鳝明显增多,甚至出现了多年不见的农田小鲫鱼。

## 二、主要启示

乐安县构建的企业与农户协同新机制,不仅充分利用了现代企业的资金、技术、管理与市场开拓等优势,还激发了小农户参与现代农业发展的主人翁精神,村民积极配合企业工作,村集体主动开展农田基础设施维护,以留住绿能公司,企业也尽力为广大村民提供各类生产服务与管理,现代企业与广大农户形成了相互依存、共荣共赢的命运共同体。乐安县的实践为江西省筑牢粮食生产基础提供了积极的启示。

(一)正视不同农民的需求,构建多样化的协同关系

现阶段的小农户已不再是完全依赖耕地生存的传统农户,而是形成了以种田为主要收入的纯农户、"农忙在家务农、农闲外出打工"的兼业农户和常年在外打工的非农就业农户表现出明显的不确定性,今年外出打工,也许明年就回家种地,不同类型的农户表现出的对企业协同的需求不同。因此,必须正视农民各类需求并存的客观现实,尊重民意,不搞"一刀切",改变一味追求以经营权流转实现规模经营的惯性思维,构建协同方式多样化的企业携手农户共同发展的新机制。绿能公司正是针对这些差异化的现实需求,提供了订单生产、流转、半托管、全托管等多种协同方式,才得到了广大村民的广泛支持。

(二)鼓励"村社合一",发挥村组织的凝合剂作用

现代农业企业与小农户的关系,不是单纯的经济利益,还受到外部政策激励和习俗等非正式的社会关系影响,离不开村组织的有效协调。乐安县"村社合

一"是一个成功的做法，合作社可依据《中华人民共和国农民专业合作社法》在耕地流转等具体事务上开展工作，这样也容易构建起农民与企业的信任关系，而村委会在保障双方合作秩序、降低双方协同成本上具有得天独厚的优势，特别是耕地流转合同采取村民与合作社签订、合作社再与企业签订的形式，也加强了村委在耕地流转管理中的责任心。现实中，村委也切实在灌排水协调、农村道路维护和家禽家畜管理上发挥了关键性作用。因此，应积极鼓励"村社合一"，为现代企业与农户的协同奠定组织基础，发挥凝合剂作用。乐安"绿能"模式的成功，"村社合一"的作用功不可没。

（三）培育善于经营的现代农业企业，确保协同机制的活力

赢利是企业的本能，也是企业生存的前提，正因为企业的赢利，才能通过利益共享机制将利益传导给广大农户和村集体，使农户增收，集体经济实力壮大。农产品既要产得好，更要卖得好，绿能公司之所以能在粮食生产难以赢利的背景下得以不断生存壮大，归功于企业精打细算的经营理念，注重每个环节的效益把控，包括以规范生产与管理确保产品质量、以规模生产降成本、以经营"乐安山泉"大米获品牌效益、以碎米和米糠利用获取大米加工的赢利空间、开创线上线下产品销售渠道。因此，企业的经营能力是决定企业与农户协同机制活力的关键。各地在现代农业企业的引进与培育中，应突出企业自身的经营理念、管理水平，以及抗风险能力。当然，不可能每一个地方都能培养出善于经营的现代农业企业，现代企业间的联盟也是一种有效方式。江西省乐安绿能农业发展有限公司和江西省绿能农业发展有限公司虽然是两个公司，但他们之间的经营、管理理念是相通的，甚至在生产服务与管理模式上都相互借鉴，已表现出了企业联盟优势。

（四）改革扶农支农方式，提高政府扶持实效

政府对粮食生产的支持是国家扶农支农政策的重点，但要注重扶持效果。对于企业携手农户共同发展的扶持，首先，要丰富农田基础设施建设支持方式，提高高标准农田建设的实效。农业设施基础差仍然是制约农业现代化的最大"瓶颈"，2018年以托管形式与绿能公司合作经营1400亩耕地的村民提到，"为了保障灌溉用水，不得不拉上1800m的抽水管，收获的稻谷还得肩扛手提"；绿能公司一年因泥坑吞陷各类机械而产生的吊车使用费近50万元（每次出车500元）。因此，建议对于绿能公司这样的粮食生产现代农业企业，可允许其根据生产需求先行投入农田基础设施建设，达到建设标准后，按国家投资额度给予奖励。其次，要帮助企业解决融资难问题。涉农企业具有季节性流动资金需求量大等明显

特点，收获期的现金支出是巨大的，迫切需要短期性的金融支持，但企业可供银行抵押的物品并不多，因此建议探索以企业仓储粮食为抵押物的融资方式。最后，要支持企业的品牌创建。品牌经营是粮食企业获得市场竞争力的关键，但品牌创建是一个系统工程，其中政府的力量至关重要。

# 我国耕地保护制度执行力亟待提升[*]

我国加强耕地保护、确保粮食安全具有重大战略意义。尽管我国实行了世界上最严格的耕地保护制度，但耕地保护实效并不乐观，如何切实提升我国耕地保护制度执行力，是一个迫切需要解决的课题。耕地保护制度是一个关乎国计民生的战略全局性公共制度，且耕地具有位置固定、可永续利用、资源稀缺的明显特征，其制度执行力有其独特的形成机理需求，尤其需要全社会协同努力、形成合力。

## 一、我国耕地保护制度执行力的现状分析

制度执行力体现在制度的明晰力、制度的知行力、制度的行动力、制度的督导力四个维度。

（一）耕地保护制度的明晰力

制度的明晰力是对制度本身质量的衡量。一个能得到执行的制度，制度内容应清清楚楚，且具有很强的可操作性。

面对改革开放以来日益凸显的经济发展和耕地保护矛盾，我国的耕地保护制度建设得到快速的加强。1986 年的《中共中央、国务院关于加强土地管理、制止乱占耕地的通知》明确"十分珍惜和合理利用每寸土地，切实保护耕地"是基本国策；1997 年的《中共中央 国务院关于进一步加强土地管理切实保护耕地的通知》提出"保护耕地就是保护我们的生命线"，要严格建设用地的审批管理，遏制乱占耕地、违法批地等问题；1998 年修订的《中华人民共和国土地管理法》构建了耕地保护政策框架体系，确立了耕地保护基本国策的法律地位；2004 年的《国务院关于深化改革严格土地管理的决定》强调了中国实施最严格的耕地保护制度的要求和严守 18 亿亩耕地红线；2017 年的《中共中央 国务院关于加强耕地保护和改进占补平衡的意见》强调"像保护大熊猫一样保护耕地，着力加强耕地数量、质量、生态'三位一体'保护"。

---

[*] 本文曾刊发于《改革内参》2020 年第 26 期。

尽管我国的耕地保护制度体系得到不断加强，内容在不断明晰与细化，严格永久基本农田划定和保护，强化耕地占补平衡管理的特点更加凸显，但耕地保护制度的可操作性仍然不够强，尤其是在耕地的质量与生态保护方面。以"耕地占补平衡"政策为例，该政策的一个主要初衷就是通过增加占用耕地的建设成本，倒逼建设主体在少占耕地的同时，尽量不占优质耕地。规定非农建设占用耕地的建设单位必须依法履行补充耕地义务，补充数量、质量相当的耕地，耕地补充的主要责任主体是建设单位。然而，建设单位并没有能力承担耕地补充的任务，而通过交纳耕地开垦费，由县级地方政府负责补充，但这最终又落到了自然资源管理部门，使自然资源管理部门既是运动员，又是裁判员。耕地开垦费也缺乏一个科学的计算方法，不能真实反映所占用耕地的数量与质量。用地单位为了方便建设而趋向于选择地势平坦、区位条件便利的地段，这些地段往往是优质农田分布区，而地方政府为了完成耕地补充任务，不得不选择地处边远、基础条件较差但开发成本较低的地段进行耕地补充，这就是耕地占补平衡政策执行中出现"占优补劣"现象的深层次原因。

(二) 耕地保护制度的知行力

制度的知行力是执行主体对制度认同程度的衡量。制度认同性是制度被执行的基础，只有认同了制度的价值导向，形成了对制度的敬畏意识和契约意识，执行主体才能变被动参与为发挥主观能动性的积极执行。

耕地保护没有旁观者。耕地保护需要全社会的共同努力，全社会对耕地保护制度的充分认同是制度执行的基石。多年以来，国家非常重视耕地保护制度的宣传力度，在每年的"全国土地日"活动中，加强耕地保护都是重要内容，"坚守耕地红线"还多次成为全国土地日的宣传主题，"保护耕地就是保护我们的生命线""像保护大熊猫一样保护耕地"也成为自然资源日常管理中的重要宣传标语。

经过多年的宣传，耕地保护的重要性已得到全社会的共识，但社会并未完全知晓耕地保护政策的具体内容。调研发现，建设用地单位对占用耕地的具体补充要求并未完全掌握，对于补充"质量相当耕地"，只停留在"占水田补水田"的认知层面。而永久基本农田，既存在永久基本农田划定工作不透明，如一些农民并不知道自家的农田是否为永久基本农田，又存在永久基本农田用途管制规则不清楚，如《基本农田保护条例》明确规定"禁止任何单位和个人占用基本农田发展林果业和挖塘养鱼"，但还是有相当部分农民不知道这个硬性规定。

(三) 耕地保护制度的行动力

制度的行动力是对执行主体执行制度能力的衡量。制度必须依靠相应执行主体来落实。制度的行动力主要取决于执行主体执行意愿和主观能动性。

耕地保护制度的执行主体是全社会,表现出明显的多元化特征,全民的耕地保护意识至关重要。凝聚各主体的执行合力,才能形成制度行动力的最大化。首先,国家应具有高度的耕地保护战略行为,这一点无须质疑,切实加强耕地保护已成为我国的一项基本国策,并体现在一系列的政策之中。然后各级政府应层层落实,特别是基层政府要落到实处,并最终形成各建设用地单位、各职能部门、社会团体、村集体经济组织、广大村民的全社会耕地保护共同行动。

尽管中央政府多次强调要实行世界上最严格的耕地保护制度,表现出耕地保护的坚定信心与强烈意愿,但遗憾的是,自上而下存在耕地保护执行意愿不断弱化的趋势。作为耕地直接管理者的地方政府,长期以来,在"土地财政"和以GDP为主导的绩效考核驱动下,侵占耕地外延式的开发建设,成本低,又似乎更能凸显政绩,导致在耕地保护的行动上与耕地保护目标产生错位。作为耕地所有者的农村集体经济组织,由于农村大部分地区的集体经济组织建设滞后、主体模糊,已难以承担起耕地保护的义务与责任。作为耕地使用者的广大农民,面对着农业生产效益的低下,"保护子孙田"与"保护贫穷"已成为当前农民的一个矛盾心态,个别农民甚至认为"坚守耕地就是在维持贫穷",农民的耕地保护积极性被动摇。

(四) 耕地保护制度的督导力

制度的督导力是对制度执行监督的衡量。离开了有效的督导,制度执行就可能出现"一窗破、窗窗破"的非理性从众行为,也可能导致执行主体"应付性"地执行制度。

对耕地保护制度执行的督导具有对象多、内容广、难度大的明显特征。正如前文分析,全社会人人都有耕地保护的责任,但不同主体在耕地保护政策执行中的角色不同,不同督导对象有其不同的督导重点,而且耕地保护制度目标是数量、质量与生态的"三位一体",既要监督耕地的数量保护,也要监督耕地的质量与生态保护。

自2006年起,我国就建立了国家自然资源督察机构,组建了国家总督察办公室,并向地方派驻了9个督察局,地方政府耕地保护责任目标的落实情况是其首要职责和核心督察任务。尽管系列专项督察和年度例行督察工作,在提高耕地保护效果方面取得了明显成效,但在针对耕地保护制度的督察工作规范化、科学化和标准化上还有相应的提升空间,如监督检查过于注重耕地数量的保护,而忽视了耕地质量、生态保护的监督,也忽视了在督察区域耕地保护情况综合评价基础上的有效引导。另外,国家自然资源督察的督导对象主要是地方政府,而对于建设用地单位、村集体经济组织、广大村民的耕地保护行为，尽管地方政府具有督导的职责，但由于地方政府耕地保护制度执行意愿不够强，传导到对具体耕地占用者或使用者耕地保护行为的督导动力不强，难以构建明确而有效的督导机制。

## 二、我国耕地保护制度执行力的提升建议

基于对耕地保护制度执行力现状的分析，有针对性地提出以下几个提升我国耕地保护制度执行力的对策建议。

### （一）完善耕地保护制度内容体系，提高制度质量

完善耕地保护制度内容体系，可以有效地防止制度的制定者与执行者出现"两张皮"现象，确保制度的彻底贯彻执行。

以耕地占补平衡为例，应坚持"以质抵量"产能平衡的制度建设方向，并制定具有可操作性的产能平衡制度落实内容。这是因为，要长久实现耕地占补的数量平衡在理论上本身就是一个伪命题。耕地作为稀缺资源，并不能随意"创造"，就像稀土矿一样，不能要求矿主开采多少稀土，就要补充多少稀土资源。"以质抵量"的产能平衡，符合耕地占补平衡政策的本质要求，即按照"占多少、补多少"的原则，通过耕地农产品生产能力的平衡，来维持全国耕地农产品生产能力的平衡。在具体的运用中，建设占用耕地的产能由耕地数量和单位面积产能组成，即占用相同数量的耕地，需要补充的产能还取决于耕地质量，促使建设单位少占耕地且尽量不占优质耕地。而耕地产能补充由实施提质改造的耕地数量和单位面积产能提升额度决定，开展提质改造的耕地面积越多、产能提升额度越大，其产能补充量就越大，进而促进地方政府加大耕地提质改造的力度、减少对未利用土地的不符合生态规律的盲目开发，既符合了国家当前实施藏粮于地的战略需求，也符合生态文明建设的内在需求。另外，我国已经划定了15.5亿亩永久基本农田，并全部落到实地地块，明确了保护责任，执行严格的等量补划要求，为确保我国耕地基本数量提供了坚实的保障，"以质抵量"的产能平衡不会动摇我国耕地数量的根基。

### （二）提高耕地保护制度的社会认同度，营造执行氛围

尽管每个人的角色定位不同，但只要在建设项目选址时自觉少占耕地、避开良田，在耕地利用中自觉采取生态化耕种、保护好耕地的质量与生态，就能形成耕地保护制度强大的执行力。耕地保护制度的社会认同度，是全社会共同执行耕

地保护制度的前提。

一方面,要加大耕地保护及其制度要求的宣传力度。目前,国家非常重视对耕地保护重要性的宣传,而耕地保护的社会责任以及相关制度内容的宣传有待加强。要大力宣传耕地保护的经济正外部性,应让人们知道,耕地不仅仅为农民提供农业生产资源、带来经济收益,更为全社会提供了丰富的社会效益和生态效益,包括国泰民安的粮食安全基础、维持生物多样和净化空气与地下水的强大生态功能,这些社会效益和生态效益并不是被耕地所在地的农民独享的,而是被全社会共享的,是人类的共同福祉,全社会必须承担起耕地保护的责任,也应共同分摊耕地保护的成本。同时,还要对耕地保护制度的具体内容进行广泛宣传,让人们知晓应如何去保护耕地,进而形成公众对耕地保护的"制度畏惧感",自觉维持耕地保护制度的权威性,人人敬畏制度,个个严守制度。

另一方面,要把耕地保护理念及其相关政策融入国民经济建设的各项任务中。例如,在涉及建设用地的国民经济建设中,应把"少占耕地、不占优质良田"的理念融入建设项目用地选址之中;也要把耕地保护制度内容融入国家惠农政策的目标之中,作为耕地保护社会化扶持机制的重要内容,实现粮食安全与支持"三农"发展"双赢"。因此,有必要对现行的各项惠农政策进行优化,以提高耕地保护制度的执行力度,如作为提升农田生产能力的高标准农田建设,应避免沟渠道路过度硬化、盲目填平坑塘的现象,落实耕地的生态保护内容;一些地方的耕地地力保护补贴,则应改变以承包地面积发放的福利性做法,要切实与农户耕地地力的行为与效果挂钩,真正发挥耕地地力保护政策的激励作用。

(三)完善耕地保护制度执行的保障机制,激发执行动力

尽管耕地保护制度的执行主体是多元化的,但起关键作用的执行主体主要是基层政府、村集体经济组织和广大农民,基层政府是各项建设项目占用耕地数量与质量的主要决策者,也是永久基本农田划定的主要规划者;村集体经济组织作为耕地所有权主体,在法律上具有执行耕地保护制度的先天优势;而广大农民是耕地质量、生态保护的基础主体。

第一,要保障基层政府在耕地保护中责、权、利的对等。以永久基本农田保护为例,要在强调基层政府永久基本农田保护责任的同时,对因划定永久基本农田而引发的非农化发展权丧失、发展空间受限,要通过财政转移支付等手段,给予相应的经济补偿,这样才能有效防范基层政府规避区位好的优质良田划入永久基本农田保护区。第二,要加强村集体经济组织建设,真正发挥我国耕地保护的制度优势。我国的村集体经济组织,沿袭了传统的村落历史脉络,具有地域与血缘的先天性特征,是我国农村社会发展的基本"生命共同体",

在耕地保护中具有得天独厚的优势，尤其在农田生产基础设施管护上拥有难以替代的作用。村集体经济组织建设要抓住培养村组织的领头人和壮大村集体经济这两个关键。第三，要进一步强化对"三农"的扶持，充分调动广大农户的耕地保护积极性与主动性。目前，国家对"三农"扶持力度逐年提高，但扶持方式与成效有待进一步提高。以高标准农田建设为例，人们都明白这是利国利民的好事，但一些地方申报项目的积极性并不高，其中一个重要原因是工作难度大。最突出的一点就是高标准建设后的田块，耕地面积发生变化，其承包经营权如何分配？"承包权30年不变""生不增，死不减"的政策如何执行？若还是按比例划给各家各户，田块被再次细碎化，高标准农田建设的效果就大打折扣；若严格实行"生不增，死不减"，那些现在"人多地少"的农户会极力阻碍，这就需要配套制度的创新。现实中，一些地方通过创新"确权确股不确地""大稳定，小调整"，有效地破解了这些难题，具有推广价值。另外，专业大户、家庭农场、农民合作社、农业企业等新型农业经营主体，是耕地的实际使用者，因此要制定相应的激励机制和制约机制，来规范他们的耕地保护行为，特别是防止掠夺性耕地耕种行为。

（四）运用现代科技手段保护耕地，监督制度运行

耕地保护目标是数量、质量与生态的"三位一体"，且违法侵占耕地、耕地占补不平衡等有悖耕地保护的行为往往需要经历一个过程，因此对耕地保护制度执行的监管，既要对整个过程的各个环节进行及时监管，及时进行制止以免产生不良后果，也要对依制度执行的实际成绩进行监管，这些监管特征客观上对监管技术手段提出了诸多挑战。

当前，自然资源部推行的以"一张图"和综合监管、行政办公、公共服务"三大平台"为重点的"国土云"工程，具备了永久基本农田、土地规划、遥感影像和自然保护区等信息实时查询服务功能，特别是"随手拍"等辅助外业调查业务功能，能对耕地利用的变化实现即时的跟踪监管，能够满足耕地保护的过程及其数量变化的监管要求，但对于耕地质量、生态保护的监管，还缺乏相应的现代科技手段支撑。例如，耕地占补平衡政策中的产能平衡，占用的耕地和补充的耕地，其产能到底该如何计算？又如，耕地地力保护激励政策，如何科学测定耕地地力的变化？地方政府划定永久基本农田保护区，其放弃非农化发展权的经济补偿又该如何计算？等。因此，加强耕地质量、生态保护的相关科技创新，是监督耕地保护制度执行的迫切需要。

# 乡村振兴需要集体强起来、农民动起来、土地活起来[*]

乡村振兴取决于内生发展活力,而内生发展活力又取决于内生动力机制。要培育各地乡村振兴的内生动力机制,必须让"集体强起来、农民动起来、土地活起来",即充分调动村集体经济组织的主观能动性,发挥广大农民的主人翁精神,激发农村土地要素的活力。

## 一、让集体强起来

乡村振兴是产业振兴、人才振兴、文化振兴、生态振兴、组织振兴的全方位振兴,乡村振兴须立足自身特有自然资源禀赋与经济社会基础,乡村振兴的系统性特征迫切需要一个强有力的组织者和协调者,乡村振兴地域性特征同样需要一个熟悉当地情况的决策者。实践充分证明,我国集体经济组织沿袭着传统的村落历史脉络,具有先天的地域性与血缘关系特征,而且是农村集体土地的法定所有者,在协调个人与集体、局部与整体利益矛盾中具有得天独厚的优势。因此,村集体经济组织理所当然是乡村振兴的关键主体,承担起乡村振兴的组织者、协调者和决策者的角色。实践也充分证明,经济社会发展好的村庄,都是村集体经济组织战斗堡垒作用发挥好的村庄,如江西省修水县黄溪村、四川省郫都区青杠树村和战旗村都是村集体经济组织在乡村振兴中起着关键性作用。

然而,改革开放以来我国的村集体经济组织建设总体上呈现日益弱化的趋势,特别是在中西部经济欠发达地区,普遍存在村集体领导班子年龄老化、战斗力弱化、村集体经济组织"三无"(无资产、无资本、无资金)人员众多的情况,难以担当起乡村振兴的关键主体作用。结果必然会导致乡镇基层政府不得不大包大揽,这不仅增加了乡镇基层干部的工作负担,更容易导致各地对实际情况掌握不够而影响工作开展,进而出现"不切实际的同质化发展、村民的发展主动性与积极性不够、难以形成自身可持续发展的内在动力"等问题。因此,乡村振兴的首要任务是让村集体经济组织强起来。一方面,要重视对村集体经济组织的

---

[*] 本文曾刊发于《中国乡村发现》2018年12月21日"三农论剑"栏目,参加调研的还有廖彩荣。

组织建设。既要培养造就一支懂农业、爱农村、爱农民的"三农"管理队伍，特别是要吸引有能人的年轻人进入村集体领导班子，又要不断加强村集体经济组织的经济建设，壮大村集体经济，为增强村集体经济组织管理能力奠定坚实的物质基础；另一方面，要重点培养好村集体经济组织的领头人。领头人在乡村振兴中的作用尤其重要，这是因为我国有着几千年"皇权不下县"的乡村治理历史，已形成了根深蒂固的乡贤治理、乡村精英治理的基础，村集体经济组织战斗力强的地方，无一例外有着一个强能力的领头人。乡村领头人不仅影响着村集体经济组织的战斗力，而且影响着整个村庄全体村民的凝聚力。当然，新时代乡村振兴的领头人，仅拥有能力还不行，还应敬畏农民、热爱农村、献身农业，要有"三农"情怀，要拥有奉献精神。

## 二、让农民动起来

广大农民既是乡村振兴中的最大受益群体，也是乡村振兴最重要的主力军。乡村振兴是新时代的一场"人民战争"，要取得这场战争的胜利，必须充分调动广大农民的主动性与积极性，全面发挥他们的主人翁精神。广大农民参与是根本基础，这也是遵循"坚持农民主体地位"基本原则的内在需求，更是以人民为中心的根本政治立场的必然体现。

然而，从以往的农村建设发展实践来看，一定程度上还存在广大农民的主人翁精神不强、主体地位不突出，甚至个别村民出现"等、靠、要"思想的现象。要调动广大农民参与乡村振兴的主动性、积极性与创造性。一方面，要构建科学的公众参与机制。只有赋予广大农民充分的知情权、选择权和话语权，并从农民真正关心的问题入手，才能充分了解农民的意愿，吸引他们积极参与乡村振兴战略。因此，要广泛宣传乡村振兴战略，让农民充分了解乡村振兴工作与自己切身利益的关联性，通过加强公众参与的制度化建设，对参与原则、过程、方式方法和要求作出具体规定，并在乡村振兴的具体事务决策中真正广泛征求农民的意见，让农民体会到主人翁的地位；另一方面，要科学利用各类自治组织及非正式制度的协调与组织功能。各地可以借用在新农村建设中成立的各类村民理事会等自治组织，其多由当地德高望重的"五老"（老党员、老干部、老教师、家族长老、老模范）构成，自治组织具有很强的组织与协调能力，并已在乡村治理中的攻克难关方面表现出很强的实用性。另外，各地长期形成的处世风格、村规民约的非正式制度，是村民社会经济生活中的行为准则，同样能在聚集村民民心、形成乡村振兴合力方面发挥出应有的作用。

## 三、让土地活起来

乡村振兴同样离不开土地、资金、劳动力、技术等生产要素支撑,但资金可以筹集,劳动力可以调配,技术可以引进,唯独土地无法进行空间实物调配,且密切影响着资金、劳动力、技术等其他要素配置。改革开放以来,造成城乡发展不平衡、农村发展不充分的一个主要原因,就是不健全土地使用制度,其在一定程度加剧了城镇和农村间土地关系的失衡,导致了人口城镇化滞后于土地城镇化、农民转移人口难以市民化,大量穿梭于城乡之间的"两栖人口"就是一个典型现象,这种以家庭劳动力外出打工而不是以家庭为单位的非农化转移,造成"人家两分",不仅不利于形成乡村振兴"产业兴旺"所需要的现代农业适度规模,而且引发"留守老人、留守妇女、留守儿童"等一系列社会问题,成为乡村振兴的障碍。

习近平总书记强调,"新形势下深化农村改革,主线仍然是处理好农民和土地的关系"。从理论上看,土地是农业发展最基本的生产资料,也是农民致富最根本的资本,更是农村发展最重要的资源,理应成为乡村振兴最重要的动力要素。然而,现实中,农村大量土地资源低效利用或闲置,巨大的土地资本在沉睡。因此,必须通过创新土地使用制度,让土地要素活起来。为此,一方面,需坚持系统思维创新土地使用制度。在乡村振兴中,农村各项具体土地使用制度之间存在着相互依赖、相互制约的关系,如要实现农业现代化,就要深化农村承包地的"三权分置";要实现农村现代化,就要深化农村宅基地的"三权分置",但农村承包地的"三权分置"和农村宅基地的"三权分置"是相互关联的,不难看出,农村宅基地的"三权分置"可以促进农村居民点的优化布局,创造出更多的非农就业岗位,增强承包地经营权的流转动力,进而推动农村承包地的"三权分置"。所以,应厘清乡村振兴中各项土地使用制度改革之间的关联性以及相互之间的依存关系,使各项土地使用制度联动推进,相互协调,形成合力。同时,还要发挥出土地引领其他要素聚集的基础性作用,实现"人-地-钱"的同步聚集。另一方面,要激发和尊重地方的土地制度创新。要在不突破"土地集体公有制性质不能改变、耕地红线不能破、农民权益不能受损"三大底线的前提下,允许地方大胆创新。同时,对地方开展的成功实践探索要善于总结,及时形成具有推广价值的创新模式。